Uma A Outra Tempestade
[tradução-exu]

André Capilé & Guilherme Gontijo Flores

Uma A Outra Tempestade
[tradução-exu]

André Capilé & Guilherme Gontijo Flores

Relicário

7 PREFÁCIO
Mais uma Tempestade
Paulo Henriques Britto

21 **Sycorax**
23 **O diretor do jogo**
25 **Ilha à vista, Tempestade**
33 **Olhos de borrasca**
43 **Abram as alas, chispa venta corisco**
49 **Lição gramática: adoçar a língua do insulto**
59 **Cabra pego pelo laço**
67 **Outra lição gramática: entre iguais diferensas**
75 **Turistas acidentais**
83 **O banquete**
89 **O sono amiga, nunca o homem**
97 **Papo de aranha**
107 **Rola barril, barril é dobrado**
117 **Se o pé na terra é firme, cabeça tem ideia**
125 **Se houver pirão, melhor vir a farinha primeiro**
137 **O show não pode parar**
147 **Ebó**
153 **Arapuca ponta de faca**
167 **Negócios de família**
171 **Dar azo à fada**
177 **Dendê na batina do padre**
183 **Última lição gramática: quem com língua fere, fera sucumbe**
197 **Admirável, Mundo**

201 POSFÁCIO
Outras Virão
Helena Martins

PREFÁCIO
Mais uma tempestade
Paulo Henriques Britto

Numa passagem conhecida, Lévi-Strauss observa que o lugar do mito, "na escala dos modos de expressão linguística, é oposto ao da poesia": se o poema é uma forma de difícil tradução, porque toda tradução acarreta modificações de detalhes que podem ser cruciais, "o valor do mito, ao contrário, permanece, por pior que seja a tradução." A substância do mito reside nos contornos gerais da história que ele narra, de modo que "o sentido consegue, por assim dizer, *descolar-se* do fundamento linguístico no qual inicialmente rodou."[1] A obra de Shakespeare apresenta, sob esse aspecto, um paradoxo curioso. Por um lado, o texto shakespeariano é essencialmente poético: nele, a linguagem é burilada com a maior sofisticação em todos os níveis, desde o fonológico e o prosódico até o retórico e imagético; traduzir uma peça ou poema do autor implica fazer escolhas que fatalmente não conseguirão recriar alguns dos efeitos do original. Por

1. LÉVI-STRAUSS, Claude. "A estrutura dos mitos". In *Antropologia estrutural*. Trad. Beatriz Perrone-Moisés. São Paulo: Cosac Naify, 2008, p. 225.

outro lado, os argumentos das peças de Shakespeare se enquadram à perfeição na categoria do mito, tal como Lévi-Strauss a define: suas comédias e tragédias — com uma única exceção, todas baseadas em textos de outros autores — há séculos vêm sendo traduzidas, adaptadas, atualizadas, parodiadas dos modos mais diversos, sem que percam por completo a marca de autoria. Algo essencial de *Romeu e Julieta* está presente no musical *West Side Story*, e o *Trono Manchado de Sangue* de Kurosawa permanece como uma leitura de *Macbeth*, apesar de todas as diferenças entre a peça ambientada na Escócia e o filme passado no Japão.

As releituras de Shakespeare tendem a privilegiar as grandes tragédias, mas *A Tempestade* é uma exceção entre as comédias. Reclassificada pela crítica na categoria de *romances*, juntamente com outras peças do final da carreira do autor, ela inspirou uma quantidade extraordinária de filmes, óperas, poemas, pinturas, canções e obras dos mais variados gêneros. A trama pode ser resumida assim: Próspero, duque de Milão, foi vítima de um golpe dado por seu irmão Antônio, ajudado por Alonso, duque de Nápoles; perdeu seu ducado e foi colocado num barco à deriva com sua filha ainda pequena, Miranda. Porém Gonçalves, conselheiro da corte, se compadeceu de sua sorte e lhe forneceu não só água e alimentos como também seus livros de magia, arte a que Próspero se dedicava a ponto de não perceber que estava se desenrolando uma trama contra ele. O barco foi dar numa ilha tropical habitada por uma criatura monstruosa, Caliban (anagrama de "canibal"); graças a sua magia, Próspero passou a dominar toda a ilha, ensinando um idioma humano a Caliban. Mas quando Caliban tentou estuprar Miranda, Próspero o reduziu à escravidão. Uma outra criatura da ilha, Ariel, associada ao ar e à leveza, que havia sido feita prisioneira por Sycorax, mãe de Caliban, foi libertada por Próspero, mas também escravizada por ele. Todos esses acontecimentos são recontados em *flashback*; a ação tem início quando um navio em que viajam Gonçalves, Antônio, Alonso e seu filho Ferdinando, entre outros, voltando da África, naufraga durante uma tempestade. Ficamos sabendo então que foi Próspero quem provocou a tormenta, e graças a seus poderes mágicos ele faz com que todos os que estavam no navio, divididos em grupos, sobrevivam ao naufrágio e venham parar na sua ilha. Seguem-se várias peripécias; nesse ínterim, Ferdinando e Miranda — a esta altura, já em idade núbil — se encontram e se apaixonam. Ao final da trama, os maus são punidos ou perdoados e a ordem é restaurada; o casamento do jovem casal é comemorado com uma *masque*, espetáculo com música e dança da qual participam alguns deuses da mitologia clássica convocados pela magia de Próspero. Por fim, depois que os usurpadores lhe devolvem seu cargo legítimo, Próspero liberta seus dois servidores ilhéus antes de voltar com todos os outros para a Europa, prometendo quebrar sua vara de condão e enterrar seus livros de magia. Num monólogo final dirigido à plateia, o ator que interpreta Próspero pede que os espectadores o "libertem" através das palmas. Este final é tradicionalmente entendido como a despedida de Shakespeare do palco; a partir daí ele se recolhe a sua cidadezinha de origem e dá fim a sua carreira de homem de teatro. *A Tempestade* é considerada por muitos o último texto teatral escrito na íntegra por Shakespeare, que depois disso teria ainda ocasionalmente colaborado na escrita de mais algumas peças.

    Uma das razões das múltiplas releituras de *A Tempestade* é sem dúvida o fato de que é a única peça de

Shakespeare ambientada no Novo Mundo, o que levanta uma série de questões políticas sempre atuais. Desde meados do século passado, tornou-se uma prática comum reservar o papel de Caliban para atores negros em montagens teatrais no mundo anglófono; e muitas das numerosíssimas adaptações e reescritas do texto dão destaque à questão do colonialismo. Aimé Césaire — poeta martinicano que é um dos grandes nomes da poesia francesa moderna, e um dos criadores do movimento da negritude — publica em 1969 sua versão da peça com o título *Uma tempestade*: o artigo indefinido parece indicar que se trata de mais uma leitura de um texto inesgotável. Na lista de personagens, Césaire limita-se a dizer que são os mesmos de Shakespeare, com dois detalhamentos e um acréscimo: ele especifica que Ariel é um "escravo, etnicamente mulato" e Caliban é um "escravo negro", e adiciona o personagem de Exu, "deus-diabo negro". Uma outra modificação importante, porém, não é mencionada por Césaire. O texto original é quase todo em *blank verse*, a forma mais usada por Shakespeare em suas peças: versos de cinco pés iâmbicos, cada pé contendo duas sílabas, sendo a primeira átona e a segunda tônica. A forma permite bastante liberdade, com inversões de acentos e acréscimos de sílabas átonas, mas de modo geral os versos tendem a ter dez sílabas, com os acentos recaindo nas sílabas de número par. Porém, como é de praxe no teatro shakespeariano, algumas cenas são em prosa — como boa parte da cena inicial da tempestade, e aquelas em que Caliban se alia a dois personagens bufões, Trínculo e Estêvão, na tentativa de derrotar Próspero e tomar o poder na ilha. Por fim, há na peça um grande número de canções, muitas delas entoadas por Ariel, rimadas e em metros mais curtos; essas canções já foram musicadas inúmeras vezes, desde a primeira montagem do texto até os dias de hoje. Esta divisão — texto principal em *blank verse*, passagens em prosa e canções rimadas — não é reproduzida no texto de Césaire, que trabalha quase sempre com prosa, utilizando o verso livre em algumas passagens, inclusive nas canções de Ariel e da *masque* nupcial, ainda que não só nelas. A trama geral da peça é mantida, mas a rebeldia de Caliban, já presente em Shakespeare, é aqui ressaltada, e enfatiza-se o despotismo de Próspero em relação a seus dois escravos. É importante ressaltar que nada disso é de todo estranho ao texto de Shakespeare, em que a figura de Próspero está longe de ser totalmente simpática. Em seu primeiro diálogo com Ariel (ato I, cena ii), em que este se queixa da promessa de libertação tantas vezes feita e ainda não cumprida, Próspero reage com uma brutalidade e uma arrogância que deixa bem claro a natureza da relação entre os dois personagens. Por mais que Próspero diferencie entre Ariel, um espírito delicado associado ao ar, e Caliban, uma figura grosseira vinculada à terra, o texto deixa bem claro que os dois são essencialmente seus escravos, e lhe devem obediência absoluta. Assim, os elementos básicos de uma leitura pós-colonialista já estão presentes no texto original: Próspero é o europeu que impõe sua ordem à ilha tropical aonde chegou, graças aos poderes que lhe são conferidos por seus livros; os nativos Ariel e Caliban devem cumprir suas ordens sem questioná-las. Césaire, no entanto, além de dar destaque ao ponto de vista de Caliban e Ariel, faz duas alterações importantes na trama. Uma delas é a irrupção de Exu na *masque*, o deus africano que não foi convidado, que com sua fala obscena horroriza os deuses clássicos presentes. A outra é o final da peça: Próspero resolve não voltar à

Europa com os outros, e permanece na ilha com Caliban. No epílogo, já velho, Próspero sente que seu poder sobre a ilha não é mais absoluto, e o texto termina com a canção de liberdade de Caliban, ao longe. O colonizador já está irremediavelmente arraigado na colônia, mesmo depois que seu poder começa a se esvaziar.

Uma A Outra Tempestade é o título que André Capilé e Guilherme Gontijo Flores dão à sua produção a quatro mãos — ou oito, contando com as de Shakespeare e Césaire. A fonte imediata é o texto francês de Césaire, mas eles também recorrem a passagens de Shakespeare que não foram incluídas na reescrita de Césaire. Já na lista de personagens encontramos as primeiras mudanças em relação à versão anterior: Ariel é descrito como "pessoa escrava, etnicamente cabocla", e Caliban como "pessoa escrava, etnicamente cafuza". À parte a utilização da perífrase "pessoa escrava" (e não a forma mais comum hoje em dia, que seria "pessoa escravizada"), chama a atenção a nova caracterização étnica: Ariel seria caboclo, termo tradicionalmente empregado para designar o mestiço de indígena com branco, e Caliban, em vez de ser identificado como negro, é classificado como cafuzo, misto de indígena com negro. Assim, os dois personagens ilhéus escravizados teriam antepassados ameríndios. O outro acréscimo, além do Exu introduzido por Césaire, é Nhanderu, descrito como "deus guarani", que também aparecerá na *masque* que celebra as bodas dos jovens. Já na lista de *dramatis personæ*, pois, a presença do elemento indígena é assinalada três vezes. Mas — tal como foi observado a respeito da reescrita de Césaire em cotejo com o texto shakespeariano — uma outra mudança da maior importância não é destacada. Vimos que Shakespeare trabalha com três modalidades textuais: o *blank verse*, a prosa e a forma canção, e que Césaire optou por trabalhar com prosa, com algumas passagens em verso livre; ou seja, o poeta martinicano simplificou a estrutura formal do texto. O que Capilé e Flores fazem, porém, é justamente o contrário: eles lançam mão de uma extraordinária abundância de formas poéticas, criando associações complexas entre personagem e tipo de verso. Examinemos como isso se dá.

Uma A Outra Tempestade tem início com uma espécie de prólogo que não consta nem em Shakespeare nem em Césaire. Sycorax, a feiticeira, mãe de Caliban, apenas mencionada nos textos anteriores, surge em cena, utilizando uma forma raramente empregada na poesia lusófona: o pantum, forma de origem malaia, trazida à poesia ocidental por via do inglês e do francês. Trata-se de uma sequência de quartetos em que o segundo e o quarto verso de cada estrofe reaparecem — idênticos ou com ligeiras alterações — como o primeiro e terceiro versos da estrofe seguinte. Tipicamente, o esquema de rima do pantum é *abab*, mas C & F adotam uma forma bem mais livre: na primeira estrofe, rimam apenas os dois primeiros versos; na segunda, o terceiro e o quarto; na terceira, o segundo e o quarto — e assim por diante, sem seguir um padrão fixo. Também a métrica é surpreendente: a maioria dos versos tem 16 sílabas métricas, cada um dividido em três partes, seguindo a fórmula 6+4+6; mas quando o verso termina com uma proparoxítona — como ocorre nas duas vezes em que "mágica" é a palavra final — conta-se até a última sílaba do verso. O efeito deste verso estranho, com seu ritmo inusitado, porém regular, é perfeitamente adaptado ao teor misterioso da fala de Sycorax, que começa prevendo a tempestade que dá início (e título) à obra.

Em seguida, temos o prólogo de Césaire, em que o "diretor do jogo" distribui as máscaras dos personagens. A forma utilizada aqui é a que pode ser chamada de "verso liberto": quase todos os versos são regulares, porém a contagem de sílabas varia de modo bem irregular — versos não rimados de duas, três, quatro, cinco, seis, oito, dez, até doze sílabas, sempre terminados em pausa. A ação começa com a cena da tempestade — aqui as cenas não são numeradas, como em Césaire, e sim providas de títulos; o desta é "Ilha à vista, Tempestade". A forma usada é a mesma do prólogo: verso liberto, só que com a ocorrência de alguns *enjambements*. A cena seguinte, "Olhos de borrasca" (título que alude aos "olhos de ressaca" de Capitu), é a do diálogo entre Próspero e Miranda. Nela se define o metro que vai caracterizar esses dois personagens: de novo o verso liberto, mas agora com predomínio absoluto do decassílabo e do dodecassílabo. A entrada de Ariel e de Caliban, nas duas cenas que se seguem, reafirmam o predomínio dos metros de dez e doze sílabas como dominantes nas falas dos quatro personagens centrais; esses metros também vão marcar a fala de Ferdinando a partir da cena seguinte. Assim, o decassílabo e o dodecassílabo parecem funcionar como o correspondente ao *blank verse* do original shakespeariano, entremeado por canções rimadas, como as toadas de Ariel em "Cabra pego pelo laço" ou a canção de Caliban na cena seguinte. A partir da cena "Turistas acidentais", um grupo de personagens secundários — Gonçalves, Sebastião, Antônio e Alonso — introduz um novo metro no poema: o heptassílabo, que confere mais agilidade ao diálogo. Um efeito novo surge em "O sono amiga, nunca o homem": Antônio e Sebastião esboçam uma conspiração contra Alonso usando cada um seu ritmo: Antônio, um metro longuíssimo, entre quatorze e quinze sílabas; Sebastião, o heptassílabo das cenas anteriores. Ariel irrompe na cena com sua já tradicional combinação de versos de dez e de doze sílabas. A cena "Rola barril, barril é dobrado" introduz a dupla cômica Trínculo e Estêvão. Trínculo, após entoar uma canção em heptassílabos, assume o verso de seis sílabas, que será sua marca a partir de então; em seguida, Estêvão entra em cena cantando em decassílabos, e logo em seguida passa a monologar em versos de sete sílabas. Estes dois personagens ficarão sempre associados a esses dois metros que, apesar de diferirem por apenas uma sílaba, criam ritmos bem diferentes. Em seguida, Caliban — que a esta altura, como na versão de Césaire, já assumiu o nome X (uma clara referência ao líder negro norte-americano Malcolm X) — une-se a Trínculo e Estêvão num complô contra Próspero, sempre falando em versos de dez e doze sílabas. Quando, na *masque* das bodas, em "Se houver pirão, melhor vir a farinha primeiro", as deusas clássicas se manifestam nos dois metros longos associados aos personagens centrais, Exu irrompe inesperadamente num verso livre de corte irregular, com *enjambements* radicais, distinguindo-se de todas as dicções anteriores: "ora ora moça / bonita comigo você / não se engana". Também Miranda, ao incorporar a entidade Pombagira, passa a se expressar num verso livre menos quebrado que o de Exu, mas mesmo assim diferente do verso liberto das personagens centrais; tão logo cessa a intervenção da Pombagira, Miranda volta a se expressar nos seus metros usuais. Por fim, a entrada em cena de Nhanderu — o personagem novo introduzido por C & F — é o único momento em que surge no texto a prosa, uma prosa poética cadenciada e marcada por muitas anáforas. Um último exemplo de uso expressivo do metro: quando, já perto do desfecho, Próspero finalmente concede a tão prometida liberdade a Ariel, este finalmente rompe com a versificação em decassílabo e dodecassílabo, numa eloquente passagem em verso livre iniciada por "Tô de saco cheio!"

A utilização de metros específicos como recurso de caracterização de personagens é o recurso mais original e fascinante de *Uma A Outra Tempestade*, uma contribuição real dos tradutores-reescritores. Porém não é este o único exemplo da criatividade da dupla. Outro recurso que merece destaque é a utilização de uma dicção mesclada que combina a linguagem poética convencional e a fala coloquial mais distensa que se pode imaginar, além de passagens em idiomas africanos ou ameríndios. Um bom exemplo disso é a fala de Próspero na cena "O show não pode parar", depois que os deuses saem, encerrando a *masque* nupcial. Temos aqui um soneto em versos de dez e doze sílabas, sem rimas, baseado num trecho do ato IV, cena iv, culminando com uma tradução deliciosamente infiel de uma das passagens mais famosas do texto de Shakespeare, "We are such stuff / As dreams are made on, and our little life / Is rounded with a sleep":

> Ufa! Todos já foram. Os dedos e anéis.
> O mal, ninguém duvida, já está feito.
> O que acontece, não sei bem, meu velho cérebro
> nublou-se todo turvo. Caralho! Poder!
> Como eu já disse, garotão, são só espíritos
> sumindo todos no ar, em fino ar,
> tal como a construção sem fundamento
> desta visão, arranha-céus, mansões, museus,
> templos de Salomão, a terra plana inteira,
> sim, toda nossa herança se dissolve,

> que nem a deusarada escafedeu,
> sem deixar rastro das plantations todas.
> Nosso estofado é o mesmo que o dos sonhos,
> e esta vidinha está cercada pelo sono.

Outra marca autoral dos tradutores-reescritores brasileiros aparece nas inúmeras citações de canções populares e poemas brasileiros, entre outras referências literárias. Eis alguns exemplos: Miranda, contemplando o naufrágio, cita "O barquinho", de Ronaldo Bôscoli e Roberto Menescal; Próspero, em seu primeiro diálogo com Caliban, ironicamente parafraseia versos de "Sinal fechado", de Paulinho da Viola; Miranda encerra seu diálogo com Ferdinando citando "Cais", de Milton Nascimento e Ronaldo Bastos; o canto de liberdade de Ariel termina com "abre as asas sobre nós". Numa de suas discussões com Próspero, Caliban-X cita Beckett ("falharei melhor") e parafraseia Angélica Freitas ("meu único punho nu e do tamanho de um útero"). Ao final do texto, o epílogo é proferido não por Próspero, mas por Miranda, que após criticar os autores dos dois textos-fontes, "Cesário e Xispirito", por tratarem a personagem feminina como mero joguete nas mãos dos homens, conclui sua fala com uma bela reescrita de um verso de Chico Buarque, que incorpora o título da obra: "Vou beber uma, a outra tempestade."

Esses são apenas alguns dos aspectos inovadores do trabalho de André Capilé e Guilherme Gontijo Flores. O que temos aqui não é exatamente tradução no sentido mais tradicional, mas não deixa de ser uma modalidade de tradução: uma "tradução-exu",[2] no dizer dos autores. E, como toda boa tradução, é criação literária da maior qualidade, um diálogo com dois autores canônicos que mobiliza uma extraordinária gama de recursos poéticos do nosso idioma, ao mesmo tempo que incorpora um sem-número de fragmentos de canções, versos e textos ficcionais, assimilando as obras-fonte ao contexto literário e cultural brasileiro. É tradução e criação autônoma, pastiche e paródia, poesia e teatro, e um acréscimo inestimável a esse multiforme mito shakespeariano que é A Tempestade.

2. Para uma conceituação do termo, v. FLORES, Guilherme Gontijo e GONÇALVES, Rodrigo Tadeu. *Algo infiel: corpo performance tradução*. Florianópolis/São Paulo: Cultura e Barbárie/n-1, 2017.

Personagens

Os de Shakespeare [por Césaire]

Duas precisões suplementares
Ariel — pessoa escrava, etnicamente cabocla
Caliban — pessoa escrava, etnicamente cafuza

Um acréscimo [de Césaire]
Exu — deus-diabo negro

Um outro acréscimo [de nós]
Nhanderu — deus guarani

Sycorax

Tempestades virão. Chuva já foi. Raio que vem, virá.
Tempestades já vi. Outras virão. Quem conviver verá.
Não me entendem assim? Falo falaz língua de escravidão
que vocês usarão. Falo os confins, falo no fim de mim.

Tempestades já vi. Outras virão. Quem conviver verá.
Outros nomes virão. Como escapar (falta de mágica)?
Mas vocês usarão. Falo os confins, falo no fim de mim,
Destes nomes em vão. Fui-me daqui. Fica o melhor de mim.

Outros nomes virão. Como escapar (falta de mágica)?
Kamona, Caliban. X que será. Entre línguas viveu.
Destes nomes em vão? Fui-me daqui. Fica o melhor de mim.
Esta nossa morreu. Viva será dentro de um corpo ao léu.

Kamona, Caliban. X que será. Entre línguas viveu.
São tempestades, ó. Chuva já foi. Raio que vem, virá.
Esta nossa morreu. Viva será dentro de um corpo ao léu.
Não me entendem assim? Falo falaz língua de escravidão.

São tempestades, ó. Chuva já foi. Raio que vem, virá.
Dizem que há de lavar. Tudo que quis: céu cabeleira a gris.
Não me entendem assim? Falo falaz língua de escravidão.
Cá ninguém vai prender, nem vou fugir, vem daqui minha voz.

Dizem que há de lavar. Tudo que quis. Céu cabeleira a gris
no beiral a dançar, gosta de abiu, festa de livres pés,
cá ninguém vai prender, nem vou fugir, vem daqui minha voz.
E se a fome vier, tomba o barril, barcos revira ao mar.

No beiral a dançar, gosta de abiu, festa de livres pés,
lá no céu andarão. Reza que vim, rezam que já parti.
E se a fome vier, tomba o barril, barcos revira ao mar,
minha boca infernal, mal nem não há, olha eles já evêm.

Lá no céu andarão. Reza que vim, rezam que já parti.
Mas quem parte ficou. Fica o que vai. Tempestades virão.
Minha boca infernal, mal nem não há, olha eles já evêm.
Trovão como um tambor, voz que zumbi, ouve o que vou contar.

Mas quem parte ficou. Fica o que vai. Tempestades virão.
Tempestades virão. Chuva já foi. Raio que vem, virá.
Trovão como um tambor, voz que zumbi, ouve o que vou contar.
Não me entendem assim? Falo falaz língua de escravidão.

O diretor do jogo

atmosfera de psicodrama.
atores entram todos de uma vez
e correm para pegar suas máscaras,
como lhes parece mais adequado.

Vamos, Time, sirvam-se...
A cada qual uma personagem,
E a cada personagem, uma máscara.
Tu, Próspero? Por que não?
Há vontades de poder que se ignoram!
E suncê, Caliban? Cá, acolá, que revelador!
Cê, Ariel? Não vejo mal algum.
E Estêvão? E Trínculo? Sem torcida?
Sim! Tudo em boa hora!
Carece trazer tudo pra fazer um mundo!
E, vamos e venhamos,
Esses não são lá dos piores!
Pros jovens debutantes,
A Miranda & o Ferdinando,
Sem dificuldades — estais vós de acordo!
Nenhuma treta para os mais infames:
Você, Antônio, você, Alonso, perfeito!
Meu Deus! Eu esqueci dos deuses!
Exu, essa te cai como uma luva!

Ai, Nhanderu, que pintas tão bonitas!
Quanto aos demais, vocês que lutem!
Bora, escolham...
Mas uma escolho eu: é tu!
Entenda, a Tempestade.
Preciso de outra Tempestade.
Pra dar com pau em tudo...
Então, és tu? Fechou!
E agora um Capitão que leve o barco!
Tudo certo, vamos já, a singrar...
Atenção! Partiu!
Ventos, soprai!
Chuva & corisco,
A toda!

Ilha à vista, Tempestade

Gonçalves
    Pois então,
    nós somos só festuca na calunga desatada,
    contudo, meus senhores,
    nem tudo está perdido,
    só temos que tentar tomar o coração da tempestade.

Antônio
    Há um disse me disse
    que essa racha cacura
    vem nos aniquilar até dizer que chega!

Sebastião
    Ai Ai! Até o último gole.

Gonçalves
    Vê se me entende:
    pense uma colossal luminária de vidro,
    tracionada à velocidade

>   de um jato além do som,
>   e cujo centro se mantém
>   tão impassível quanto o olho de um ciclope.
>   Precisamente essa região de calmaria,
>   chamada de Olho do Furacão,
>   é nossa meta.

Antônio
>   Delicinha! Em suma,
>   quer dizer que o ciclone ou o ciclope,
>   não vendo o cisco pousado em seu olho,
>   nos deixaria despirulitar dali?
>   Sem dúvida uma ideia de um iluminado!

Gonçalves
>   Se se quiser assim;
>   é um modo charmoso de dizer a coisa.
>   Verdade sem mentira, certo e falso,
>   é de muito verdadeiro.
>   Mas pra quê tanta chuva no molhado?
>   O capitão parece muito aflito!
>   ... Capitão!
>   ele chama.

O Capitão
>   encolhe os ombros.
>   Mestre!

O Mestre
>   É nóis!

O Capitão
    Ao contravento da ilha, estamos.
    Nesse pé que está indo, encalharemos!
    Não nos resta mais nada, sem manobras.
    Eu preciso enxergar pra meter o través.
        ele vaza.

O Mestre
    Força na peruca, cambada!
    Mãos à obra! Levantem a mezena!
    Baixem a contra! Estica, puxa, me segura!

Alonso
        vai se achegando.
    Então, meu mestre, onde é que a gente está?
    Me explica essa situação?

O Mestre
    Eu tenho cá pra mim que o melhor é vocês
    piarem miudinho nas cabines.
    Assim só dão ajuda pra borrasca!

Antônio
    Esse aí tem mais cara de encrespado,
    melhor é perguntar pro capitão.
    Mestre! cadê o capitão?
    Estava aqui um segundinho atrás
    e pum — sumiu!

O Mestre
    Vão pro lugar d'ocês, que eu já falei!
    Que vêm esses me encher sob o papo do rei?

>   Quebrava mais o galho
>   se não atrapalhar quem cá trabalha!

Gonçalves
>   Homão da porra!
>   Entendo bem a tua casmurrice,
>   porém o modo certo mesmo no homem
>   é saber segurar a sua onda
>   e se conter a cada situação,
>   mesmo nas mais bicudas.

O Mestre
>   Pa merda! Se cês mandam nas carcaças,
>   podem botar os olhinhos na caixa,
>   no luxo e na chiqueza das cabines!

Gonçalves
>   Podes falar, meu amigão.
>   Porém tu não sacaste, me parece,
>   com quem estás falando.
>   então desanda
>   a dar as carteiradas.
>   O irmão do rei, a filha do rei e eu,
>   que sou o conselheiro desse rei!

O Mestre
>   O rei! O rei!
>   Mas sabe quem é que tá pouco se fodendo
>   pro rei, pra você e pra mim?
>   O nome do camaradinha é Vento.
>   Sua Majestade, o Vento!

Neste momento, ele é quem manda,
e nós somos os súditos!

Gonçalves
Se este é o barqueiro do inferno,
deve-se confessar que é muito do bocudo!

Antônio
De certo modo, esse pentelho me animou.
Nós vamos sair dessa, cê vai ver,
a fuça dele não parece a de afogado,
mas a pinta perfeita de quem
quando enforcado se esgoela.
Vai lá, Senhor Destino, e fica firme nessa forca!
Que o fado dessa corda guarde o nosso cabo,
já que o nosso parece pouco adiantar.
Pois, se ele não nasceu pra forca,
danou-se o nosso caso!

Sebastião
No fim vai tudo dar na mesma merda.
Ainda que dos peixes escapemos,
dos corvos ele não escapa.

Gonçalves
O puto me tirou do sério!
No entanto, passo um pano pros fatores atenuantes.
Teje bem dito:
não lhe falta coragem, nem sagacidade.

O Mestre
          volta à cena.
    Içar as velas!
    Lá vem o vento, timoneiro!
    Ao vento, a todo vento!
          entram, mais uma vez:
          Sebastião, Antônio, Gonçalves.
    Vocês de novo!
    Se vão continuar voltando aqui,
    com essa ideia de foder todo o rolê,
    em vez de começarem a rezar o padre nosso,
    eu jogo tudo pelos ares
    e vocês que se virem com o barco.
    Não esperem vocês,
    que entre o Capiroto e suas almas,
    seja eu o interlocutor.

Antônio
    Aí é insuportável!
    Esse cuzão abusa do cenário!

O Mestre
    Ao vento, tudo ao vento!
          vento e corisco.

Marinheiros
    Perdeu geral! Ao rezo, tudo ao rezo!

O Mestre
    Será que agora eu vou gelar a boca?

Sebastião
    Eita!

Gonçalves
    Ajudem nesse rezo pelo rei!

Antônio
    A nossa vida tá na mão desses manguaça!
    Esse babaca merecia
    tomar um bom capote de dez ondas!

Gonçalves
    Ele vai é pra forca.
    Mesmo que cada gota d'água testemunhe contra.

Antônio
    Vamos nos afundar com o rei.

Sebastião
    Vamos pedir a vênia ao rei.

Gonçalves
    Eu daria mil milhas deste mar
    por um acre de terra estéril.
    Um brejo, um mato bravo, qualquer coisa!
    Cês viram?
    Lá no alto dos mastros,
    na divisão das ripas, no cordame,
    essa lepra de fogo em disparada,
    toda ligeira e azul?
    Dá pra dizer com fé que é um país maravilhoso!

Tem nada a ver com um país d'Europa.
Até a coriscada é diferente!

Antônio
Isso aí tá com cara de provinha
do inferno que já vem nos devorar.

Gonçalves
Tu és um pessimista!
Mas eu, em todo caso, levo a vida inteira
pronto para adentrar no seio do Senhor.

Os Marinheiros
    entram em cena.
Ê maldição! Nós vamos naufragar!
    a tripulação entoa seu cântico.
Ondas do mar de Vigo,
se vistes meu amigo!
E ai, Deus!, se verrá cedo!

O Mestre
A barlavento, a barravento, a ventanau!

Ferdinando
    entra em cena.
Ai Ai! O inferno está vazio
E todos os diabos são aqui!
    o barco naufraga.

Olhos de borrasca

Miranda
    Sassinhora! Deus Pai, Misericordioso!
    Um navio afundando! Ó lá pai, ó, acode!
    Faz um feitiço, amansa o mar bravio,
    que o céu parece agora soltar piche!

Próspero
          sai no pinote, empunha
          o smartphone e se põe
          a digitar enquanto conversa.
    Segura a pomba, filhotinha!
    Calma aí! Muita calma nessa hora.
    Puta show, espetáculo, top, topzêra!
    Conta pro teu coraçãozinho
    que não há mal nenhum.
    E tem mais: aconteça o que acontecer lá,
    foi pro teu próprio bem.
    Sabe nada, inocente...
    que eu fui muito mais próspero do que este Próspero
    mero senhor de grande cela,

e sou maior do que o teu pobre pai.
Confia em mim. E mais não digo.

Miranda
Um barquinho tão, tão do bonitinho!
E tantas vidas, belas e valentes,
perdidas, naufragadas, engolidas
por algas e corais, despojos sob as ondas...
eu sofro tudo que outro sofre...
somente um coração feito de rocha dura
não seria capaz de se dilacerar!
Volta do mar, desmaia o sol
e o barquinho a naufragar
dá té vontade de cantar!
Coisa de céu, papo de azul, ilhas do sul...
ai, do barquinho, meu tudão!

Próspero
Engolfado! Engolido... Arrã! A conferir...
vem cá, chega mais perto, princesinha,
já deu a hora e o lugar é aqui.
Ah sim, meu tesourinho!

Miranda
Pai, cê só pode tar de piadinha:
eu sou um bicho agreste e, assim, eu tô de boa.
Discurso reticente, novidade inconsistente,
e o espanto está nos olhos de quem vê.
Fico tipo a rainha dos pistilos,
das pistas e águas-vivas,
 metendo sempre o pé descalço em espinhos e flores,
deles ganho respeito e delas cafunés.

Próspero
   Princesa, e que outro nome deve ter
   a filhota de um príncipe?
   Não quero te cansar por muito tempo.
   Milão é a cidade onde nasceste.
   Milão, por muito tempo eu fui seu Doge.

Miranda
   Tantas vezes você começou a contar
   e parou, me deixando nesse vácuo,
   pra concluir com "calma, ainda não".

Próspero
   Este instante te pede para abrir o ouvido.
   Atente, obediente. Ainda lembra
   de um tempo anterior à nossa cela?
   Creio que não, não tinha nem três anos.

Miranda
   Eu lembro como um sonho de verão:
   eu não tinha umas cinco ou seis mucamas?

Próspero
   Ô se tinha! Até mais, Miranda.
   Mas como é que isso vive em tua mente?

Miranda
   Então como é que gente vem parar aqui?
   E que avatar foi colocar aqui o príncipe,
   recluso nesta ilha, neste cu de judas,
   com essa vida de ermitão?
   Foi desgosto do mundo, ou fel de um inimigo?

Foi prisão ou Tebaida?
Um dia bem podia
matar a minha sede curiosa.
Mas o senhor não é meu pai?

Próspero
A tua mãe trazia a marca da virtude,
me disse que você é minha filha
e que o teu pai foi doge de Milão...
mas sério, foi de tudo um pouco.
Inimizades e politicagens,
tinha intriga também, e um cara ambicioso.
Antônio, o nome do teu tio,
bicho perfídia, que eu amava
quase igual você;
Alonso, o ojô-cocorô, rei de Nápoles.
Quando eu me dedicava às minhas artes,
dei para Antônio as rédeas do governo
e me embrenhei no estudo do segredo.
Como é que as ambições se conjugaram,
como é que o meu irmão se amiga de um rival,
como é que aquele a este já promete
dar sua proteção junto ao meu trono?
Só o diabo sabe a trama desse arranjo.
Mas seja como for,
acreditando na mentira que eu contava,
passou a acreditar que fosse o doge;
Antônio se tornou a trepadeira
que em meu tronco de príncipe se enrosca
até sugar inteira a minha seiva.
Quando os dois perceberam que em meus cálculos
eu já tinha encontrado as boas terras

prometidas há séculos pra busca humana
e que eu me preparava pra tomar a posse...
urdiram um complô
pra me roubar o império por nascer.
Subornaram os meus,
afanaram papéis,
e, para se livrar de mim,
fizeram até CPI, me jogaram
à Inquisição, como se eu fosse um macumbeiro.
Vou dar resumo:
um dia eu vi chegar no paço
um povo sem marcar reunião:
os sacerdotes lá do Santo-Ofício.

O Frade

        vê-se retrospectivamente
        o tal frade lendo um rolo
        de pergaminho diante
        de Próspero em vestes nobres.

A Santíssima Inquisição
pela integridade da fé
e a busca da perversidade herética,
agindo feita delegada espacial
da Santa Sé Apostólica,
informada dos erros que professas,
dos que insinuam e publicam contra Deus
e a Criação, também quanto à forma da terra,
e que é possível descobrir outras paradas,
enquanto o bom Profeta Isaías ensina,
e prova, que o Senhor está sentado
no círculo do mundo, e que em seu meio
está Jerusalém e que além deste mundo

está o Paraíso inacessível,
convencida de que é intencional, perversa
e inadvertidamente que tu citas,
para apoiar tua heresia, Ptolomeu,
o trágico autor Sêneca e Estrabão,
acreditando assim na ideia de que pode,
na escritura profana, haver autoridade
capaz de, com sucesso, fazer desafio
ao que há de mais notório e convincente
e certo mais que certo nas Sagradas
Escrituras, por ver considerar o uso
a que se dá em tom de provas, dia e noite,
os cálculos arábicos, o hebraico,
livros de capa preta, grimórios siríacos
e as línguas esquisitas dos catiços,
cá estamos, finalmente, a tua frente
que até agora escapuliu da punição,
só, tão somente só, porque cobriu-se
com autoridade temporal, ladrão,
se não, também, usurpador, talvez
transmutador pelo uso que fez
dela, com tirania, por letra de lei,
em provisório destituo-te dos títulos,
cargos e honras, rachadinhas, em que possas
ser processado contra você, e de acordo
com as formas vigentes, a um exame amplo
e rigoroso, então, ademais, outrossim,
exige-se que siga a diligência.

Próspero
                retomando seu papo-aranha.
Não é que o julgamento,
que me deixou lisonjeado,
não encontrou lugar de acontecer?
As criaturas noturnas temem o clarão.
Resumindo, tintim por tintim, eles
tiveram tino de não me matar,
porém me deram a pior sentença:
me abandonar contigo,
que feito um cão sarnei
numa ilha deserta.
Assim nós fomos: eu e o choro teu
na calada da noite.

Miranda
Ai que dó! Quão mesquinho é o mundo, céus!
Provações sem tamanho te impingiram!
Eu, que não lembro como então chorei,
choro de novo agora o cisco no meu olho.
Inda é melhor ouvir do que ser surda,
e mesmo que esta história seja vil,
aquela de dois passos mais atrás,
não pense que esqueci: até bons úteros
geram maus filhos, maldição de avós.

Próspero
Quem me salvou foi só você com teu sorriso,
meu querubim e meu quindim,
que me deu ânimo e estômago
para enfrentar o que viria.
Nesse papo de crime e traição,

só há um nome massa a mencionar:
o impecável Gonçalves,
conselheiro do rei napolitano,
merecia servir a um senhor melhor.
Prove-me de comida,
veste-me de bom pano,
traz-me cá os meus livros,
que valorizo mais do que o ducado,
também meus instrumentos;
tudo faz pra tornar
este grotão grosseiro
suportável pra nós.
No fim desse tormento transatlântico,
chegados nesta joça, virei teu professor
te dei ensino mais que de princesa,
pois elas passam tempos entre poses
e aulas desajambradas.
Pois bem, resulta, por um acidente singular,
que a Fortuna me trouxe os carinhas da trama
para essas bandas bem de cá.
O meu lance de João de Deus havia
previsto para mim, dez mil anos atrás,
que tão logo viessem de mão grande
nos meus bens, lá da Europa, nada deteria
seu apetite por destruição, tão grande
que sua ganância suplantaria
o tipinho covarde, escolhendo zarpar
pelo oceano e seu enfrentamento,
para atacar, por sua conta e risco,
as terras previstas por meu Aláhoudini.
Essa parada eu não podia ignorar,
deixar passar sem reagir, fazendo vista grossa,

ninguém me tem fácil demais,
sou até capaz de capar
se alguém olhar pro que possuo,
e tendo o poder de impedir, o fiz
ajudado por Ariel.
Maquinamos a tempestade
que você acabou de assistir agorinha,
que preserva meus bens de ultramar, simultâneo
em meter esses merdas sob a minha posse.
Agora chega de conversa,
É hora de você dormir, bem embotada;
Aceite o sono pois não tem escolha.
       Miranda adormece.

Abram as alas,
chispa venta corisco

Próspero
    Fala tu, Ariel?

Ariel
         entra em cena.
Missão cumprida.
Pousei na sorte desse rei,
ora na proa, ora na popa,
no deque e nas cabines
incendiei o espanto
no alto do mastro aceso,
nem o lampejo precursor de Júpiter
mandaria melhor,
nem mesmo o estrondo sulfuroso de Netuno
tremula tanto as ondas no tridente.
O povo ali ardeu em desespero,
pularam todos na salmoura,
menos os marinheiros.
O Ferdinando, filho do tal rei,

foi o primeiro a abandonar o barco.
Mas tudo certo, todos safos,
aqui na beira-mar:
nem um fio de cabelo se perdeu.
Do príncipe eu cuidei nos trinques,
e o barco foi seguro ao nosso porto
no recanto onde à noite busco orvalho
pros teus feitiços nas Bermudas.
O resto dos palermas dispersei.

Próspero
Aí, sim, hein! Mandou bem!
Mas o que é que tá pegando com você?
Te dou mó moral e parece nem aí.
Parece que tá num prego danado?

Ariel
Não diria que um prego, não. Mas há um nojo.
Obedeci, mas não vou te esconder,
fiquei de coração partido.
Deu uma dó danada, muito imensa,
assistir um navio vivo naufragar.

Próspero
Ah, vá, para de show! Você e suas crises!
É sempre assim com gente do teu tipo,
Ah! intelectuais! ...vai se foder!
Não me interessa como transa o teu barato,
mas tua mão de obra. Repartamos:
eu fico com 3/4 do zelo por mim,
você pode manter sua dúzia de dúvidas.
Pura tranquilidade?

Ariel
    Sinhô, rogo que me liberte
    deste inglório labor.

Próspero
          gritando.
    Escuta de uma vez por todas.
    Tenho um trampo a fazer,
    não vou medir esforços, nem dispensar meios!

Ariel
    Você me prometeu a liberdade
    mil vezes, e eu ainda estou na espera.

Próspero
    Aqui, babaca, quem te livrou
    da Sycorax? Já se esqueceu?

Ariel
    Nunca, senhor.

Próspero
    Esqueceu sim. Onde é que ela nasceu?

Ariel
    Na antiga terra do Benim.

Próspero
    A velha macumbeira
    foi pega num quilombo, prenha e barriguda.
    Você que me contou, serviçal ventania,
    que estava sob as ordens dela doze anos,

até que a tosca Jinga faleceu.
E você ficou firme estaca em pé de planta,
virou um verdadeiro mato sem cachorro.
E esta terra ficou pra prole dela,
animal que nem tem a forma humana.

Ariel
Sim, Caliban.

Próspero
É mesmo? E então quem fez a goiabeira
arregaçar-se e te desentranhou,
quando estava na tranca pra virar semente,
na tortura de ouvir planta & raiz,
e agora está tão leve & solta feito ar?

Ariel
Tem vez que me arrependo...
talvez, muito talvez, eu acabasse
me tornando uma árvore...
árvore é palavra que até faz
suar o olho do vento. Me emociona!
Tenho pensado muito nisso: Dendezeiro!
Saltando para o céu mais alto, como fonte
que se esgota em indiferensa
feito a elegância dos tentáculos de lula.
Baobá! As entranhas meladas dos monstros.
Que tal tentar saber do Calau que se tranca
por dentro da estação dos caracóis!
Rósea Paineira! Se espalha toda sob o sol do orgulho!
Pássaro! Garras atracadas no mais vivo
pulsar do coração da terra tesa.

Próspero
    Para de encher meu saco!
    Detesto parlatório sobre árvores.
    Quanto à tua liberdade, terás,
    mas só quando meu cuco resolver piar.
    Como parece não ter mais o que fazer,
    vai lá cuidar da embarcação.
    Preciso dar um papo, dois palitos,
    com ganga Caliban. Melhor manter em mira
    — olhar o padre, a missa e o vinho do batismo
    — se se distrai da safadeza, deu foi merda,
    é amarrar cachorro com linguiça.
    Segue rumo sem dar na vista pelo olhos.
    Chispa, na pressa!
            Ariel sai pelos ares.

Lição gramática:
adoçar a língua do insulto

Próspero
    Acorda, queridinha, desse sono justo.

Miranda
    A tua estranha história me ninou com peso.

Próspero
    Acorda esperta! É hora de ver Caliban,
    essa escumalha escrava, indócil nas respostas.

Miranda
    Perversidade tem, pai, nem consigo olhar.

Próspero
    Mas não dá pra perder, minha princesa,
    se é braço de trazer a lenha, acender fogo,
    e nos garante o lucro no armazém.

>   chama aos suspiros.
> ... Caliban! Caliban!
> Vem, terra, fala! Mas que jabuti!

Caliban
>   entra em cena.
> Uhuru!

Próspero
> Quê que cê disse?

Caliban
> Òmìnira. Fúnlèfólorun. Iko Tema.

Próspero
> Lá vem você com balbucios bárbaros.
> Já cansei de dizer que detesto o barulho
> dos teus beiços babando a tortura da língua.
> Ademais, sabe bem, alguma polidez
> não nos faria mal nenhum — olá,
> como vai? Eu vou indo. E você, tudo bem?
> Tudo bem. Eu vou indo correndo, pegar
> meu lugar no futuro.
> Quem sabe, se fizesse assim, piano,
> boi garantido, nada disso o mataria.

Caliban
> Ah, como vai suncê? Ah como vai à porra?
> Chei de vespa, pereba, sapo e merda!
> Quero é que o dia de hoje adiante em dez ano
> o dia em que ave do céu e bicho da terra
> vai te cumê tudim, os dente na carniça.

E que té lá o orvái que mi iyámi varreu
com pena de urubu do brejo mais nojento
venha igual furacão cegar esse zoião.
Vou é voltar pro meu almoço.

Próspero
Olha isso, que vem e que passa, tão cheio de graça,
tem a tez bem macaca, que fala e que anda,
e acha que tem gingado, sotaque e traquejo;
mas quando chamo e vem manquitolando,
penso logo: caralho! pele feia babuína!
Pois se atente que hoje vai ter cãibra
entre sarna de urtiga a te comer,
vai ser pior que saraivadas de zangão.

Caliban
        fala rindo.
Tu me acha feiúra, mas pa mim
saiba: tu né bonito não.
Essa nareba recurvada
tem cara é de urubu velhaco.
Um urubu do cu pelado!

Próspero
Já que lida tão bem com ofensivas,
podia pelo menos me benzer,
me abençoar por ter te dado a língua.
Você era um desastre antes de eu te adestrar,
bárbara besta bruta que eduquei,
tirei do circo e da vida animal
que te come aos pedaços sempre ao sal dos dias.

Caliban
Caô total. Tu me ensinou foi nada.
Se bem que eu aprendi a enrolar
só pra entender as ordens dessa língua:
cortar lenha, lavar a louça, pescar peixe,
plantar legume pa suncê, seu bunda-mole.
Meu lucro nessa língua tua é te xingar.
Entrar com minha língua quebra-pedra.

Próspero
Sem mim, o que seria de você?

Caliban
Sem tu? Coroa era minha, e só.
A coroa da ilha minha!
Ilha minha, a coroa dada
que Sycorax, a minha mãe, me herdou.
        cantarolando.
Todo menino é um rei
Eu também já fui rei
Mas quá! Me assumi
Depois que despertei...

Próspero
        aos berros.
Existem genealogias que é melhor
não se gabar. Uma vampira, chupacabra,
Mama Grou, uma Iara, macumbeira,
uma bruxa, uma louca, feiticeira,
dona do catimbó de quem, graças a deus,
sua morte nos deixou bem livres. Sai Sabá!

Caliban
    Morta ou viva, ela é mãe e não renego!
    Suncê só diz que é morta,
    porque pensa que terra toda é coisa morta...
    Aí é fácil pro maluco:
    tu sapateia sobre a morta,
    tu desbanca, desanca em pé de vencedor!
    Mas eu respeito e sei que ela tá viva,
    que vive Sycorax.
    Sycorax minha mãe!
    Iansã! Xangô! Oxumarê!
    Em toda parte é que te encontro:
    nos zói das égua que me encara sem piscar
    no meio da macaia.
    No gesto da raiz torcida, o salto à espreita.
    Na noite cega, essa que tudo vê,
    que tudo cheira sem nariz!
    Tem mais.
    Ela me fala em sonho e me aconselha...
    Ontem mesmo deitei na beira do remanso,
    lambendo água de lama, ai vó Nanã,
    e a Besta-fera já me preparava um bote,
    tinha um baita rochedo em sua mão...

Próspero
    Saca só, micuim, se eu fosse tu, parava.
    Essa macumbaria não fecha o teu corpo,
    mantendo isso daí, vou te sentar no toco.

Caliban
    O sinhô, no começo, bajulava:
    vem, vem meu dengo, Caliban, pra cá;

psiu, planta miúda Caliban, pra lá!
Vivia me trazendo água de amora,
depois veio ensinar
como chamar a luz maior ou a menor,
que queimam dia e noite.
Aí te amei e te ensinei tudim.
No teu cu!
Sem mim, o que seria de suncê,
se aqui é o fim do mundo ou lá?
Ô bicho ingrato.
Fui eu que te ensinei o euê,
a folha, a fruta, o passo e a estação,
e agora foda-se pra mim.
Caliban touca à toa. Caliban servente!
Conversa mole para boi dormir.
Espremeu o bagaço, deita fora a cana!
Maldito seja eu que te acolhi.

Próspero
Eita!

Caliban
É lorota, será?
Tu num me deu porta na cara
e me mandou pastar na choça imunda?
Num gueto da favela!

Próspero
A favela desceu pro asfalto correndo,
fecha logo a gaiola, baile da furacão,
suncê só pode tá de zona, camarada.
Não ia "parecer favela" se limpasse,

se se desse ao trabalho de mantê-la um luxo,
quem gosta de pobreza é intelectual.
Mas o que era bom de dizer, cê nem tchuns:
sua lascívia me obrigou a meter pé.
Cria de ronca e fuça, olha só:
tu bem tentou jantar minha filha — eufemismos,
dei mole ao esquecer o aviso de gatilho,
e pega meio mal macho falar de estupro.

Caliban
Jantar tua filha, bode véi?
Tu que me empresta a tua putaria.
Se liga: que se foda filha e choça!
Pouco me importa aquela racha!
Se fico aqui choramingando é desde sempre:
eu nunca quis viver perto de tu,
xô nesse teu mutum de urucubaca!

Próspero
Mas eu não te chamei pra bater papo!
Vaza! Vai trabalhar, coisa à toa. Carimba
teu coração, não perde o meu bom tempo
na correnteza: água, madeira empilhada,
limpar as prateleiras, colocar a mesa,
tirar a louçaria e os talheres, vaza!
Na janta tem visita à beça!

Caliban
Já tô me emputecendo disso.
Ali tem lenha a dar com pau!

Próspero
    Caliban, já tá bom! Se liga! Se chiar,
    vou esquentar seu tamborim, te encher de tapa,
    socar sua cara até ficar bonita,
    com vara de araçá, cabeça de martelo,
    e cabo de vassoura. Traduzindo:
    porrada vai cantar, vai dar no pelourinho!
    A única linguagem que entende de mim,
    e essa muito bem, é a da violência.
    Eu vou falar em boa altura pra você:
    se saia logo, vá se aprumar, varejeira!

Caliban
          fala de si para si.
    Vou ter que obedecer.
    O velho é forte em pajelança.
    Capaz até de escravizar meu deus Setebos.
          dirige a fala para Próspero.
    Já fui... mas é a última.
    A última, sacou?
    Tava esquecendo: tenho um papo sério.

Próspero
    É sério mesmo? Assim de urgência inadiável?
    Pois desembuche, e fale claro.

Caliban
    Pois então: eu não sou mais tal de Caliban.

Próspero
    Oxe, mas que caralho é isso? Saquei nada!

Caliban
Suncê prefere assim,
eu só num vou mais atender por Caliban.

Próspero
Olha os papos de loucura.
Tirou essa ideia do cu?

Caliban
Caliban nunca foi meu nome, na real.

Próspero
Tão bendito e louvado, talvez seja meu!

Caliban
É apelido pro teu ódio me humilhar...

Próspero
Ai meu caralho!
E assim nasceram mimizentos!
Vamo lá, diz aí, qual a proposta...
Preciso te chamar de qualquer jeito!
Anda, vai, fala logo, qual vai ser?
Canibal, fala aí, bom pacaralho, né não?
Mas acho que tu não achou maneiro, não.
Que tal *Aníbal*? Me parece muito bom.
Todos curtem de nomes de santos, saberia,
se falasse a língua dos homens, babaquara.

Caliban
Me chame só de X. Fechou.
Como quem diz do homem sem nome.

Melhor, o homem que lhe roubaro o nome.
Suncê falou de história.
E isso é pura história, das famosas.
Sempre que me chamar vai me lembrar
o fato mais fundamental:
suncê me roubou tudo, até a identidade!
Uhuru!
          então partiu.

Cabra pego pelo laço

> em forma de quianda
> Ariel entra.

Próspero
  Ariel, meu denguinho, você viu
  como a fera me olhou, tipo, olhos nos olhos,
  quero ver o que você faz?
  Era sangue nos olhos o que tinha, e isso é novo.
  Pois então, eu te digo, demorou:
  Caliban, sangue ruim, raça inimiga.
  Quanto à galera no navio, deixa quieto;
  meus sentimentos mudaram com todos.
  Assim, daquele jeito, dar um susto
  não vai matar ninguém. Mas, meu jesuscristinho,
  não deixe nem um fio de cabelo
  ser tocado por pente algum.
  Agradecia se assentisse com a cabeça.

Ariel
　　Ai, que tudo! Fiquei só na sofrência
　　de ter eu produzido tamanha catástrofe.
　　Só posso digitar com os pés, porque as mãos
　　agora aplaudem tua misericórdia.
　　Xacomigo, Sinhô!

Próspero
　　Pois que sim, por maiores tenham sido
　　os crimes cometidos por eles, sou bom,
　　digo a ti que assegure-lhes o meu perdão,
　　caso tenham se arrependido de verdade,
　　afinal, são de minha raça e de alto posto.
　　A idade pesa, e tanta treta e textão cansam;
　　é tempo de empilhar os tijolos futuros.
　　Eu tenho uma menina, e Alonso um menino.
　　Imagina que se apaixonem, faço gosto
　　que Ferdinando case com Miranda,
　　e o matrimônio traga a nós concórdia
　　e paz, este é meu plano — e seja executado.
　　E quanto a Caliban, que é tão canalha,
　　não sei se importa mais que se arme contra mim,
　　vejo toda a nobreza de Itália reunida ao meu lado,
　　napolitanos, milaneses, todos juntos, combinados,
　　me defendendo com seus corpos. Vai, agora!

Ariel
　　Certo, sinhô. Eu vou cumprir cada tintim.
　　　　　então sai coriscando
　　　　　e solta a cantiga
　　　　　entoada no ar.

é gota de cacimba
por sob o pé de umbu
é ibirapitanga
travessia ê calundu
se alevanta sursum corda
já me onça o nhanderu
passou pela calunga
toca meu jamberesu

cansanção : : curimba

curió jaguatirica
dentro de um tembetá
vem coral e colibri
já tô bambo de cajá
zumzumzum de juriti
canta aqui canta acolá
tem macaia e tem mocó
espana panapaná

cansanção : : curimba

Ferdinando
Mas que música é essa?
Será que está no ar, será que está no chão?
Na certa vem de um deus da ilha
lamentando o naufrágio do meu rei.
Segui até aqui, então parou.
Não sei se nela andei ou me afoguei.
Esse som rastejou sobre mim pelas águas,
me acalmou a paixão e até a fúria
nessa ária estranha. Agora recomeça.

> segue ouvindo
> a toada de Ariel.

xapanã xapiri
jacaré meu catendê
cica doida de caqui
ninguém vai desentender
misturou dentada e garra
onçou meu iauaretê
mosca voa no baralho
ganga nesse azuelê

cansanção : : curimba

Ferdinando
O som me lembra o pai que se afogou.
E não é coisa dos mortais,
o som não vem do chão, mas lá de cima.

Próspero
> fala escondido na cena
> com Miranda.

Ergue o bordado desse teu olhar
e diz o que está vendo ali.

Miranda
É um espírito? Tem toda a pinta.
Aliás, bem pintoso mesmo.

Próspero
Não, filha. É homem. Come, dorme e caga,
tal como todos nós.
O bonitão estava no naufrágio.

É gente boa, sim, e está perdido,
só traz a mancha da aflição,
que é o verdadeiro cancro da beleza.

Miranda
Só pode ser divino: o natural não é tão nobre.

Próspero
        fala para si mesmo.
Tô vendo: já rolou, como eu queria...
Agora é ver se pinta um clima.
        fala para Ariel.
Espiritinho, em mais dois dias te liberto!

Ferdinando
Mas quem é essa? É uma deusa? Uma mortal?

Miranda
        aparece de rolê.
Eu já bem sei quem estou vendo: um sedutor.
Falar em sedução na tua situação,
olha, meu jovem, isso é que é coragem?
Quem é você?

Ferdinando
Você já viu: um pobre náufrago.
Mas ela fala a minha língua, como pode?

Miranda
Pode até ser: um náufrago de estirpe!

Ferdinando
    Noutros lugares bem diriam "príncipe", "filho do rei".
    Mas eu já quase me esquecia: "rei", infelizmente, "rei".
    Porque meu pai acaba de morrer neste naufrágio.

Miranda
    Meu coitadinho!
    Só quero te ofertar meu coração hospitaleiro,
    pois temos culpa no cartório do teu infortúnio.

Ferdinando
    Hélas, meu pai... será que sou desnaturado?
    A tua piedade, senhorita,
    me faz achar mais doce este desastre.

Miranda
    Espero que se anime aqui, a ilha é linda.
    Eu vou mostrar as praias e florestas,
    depois vou nomear frutos e flores,
    e vou te revelar mundos de insetos
    com aves e lagartos furta-cor...
    escuta o canto da passarinhada!...

Próspero
    Muito bonito, minha filha!
    Porém me irrita esse murmúrio (atente!)
    que já não tem o menor cabimento.
    Tá dando muita trela ao impostor.
    Jovem, tu és um traidor, um espião,
    no máximo um galinha garanhão.
    Mal se salvou do mar, já arrasta a asa
    pra primeira menina que topou!

Só que eu não caio nessa, não.
E vem bem a calhar, que preciso de um braço:
você vai me servir de escravo na lavoura.
Vou dar um laço em teu pescoço e pés.

Miranda
> fala para si mesma.

Por que meu pai pegou pesado?
Mal vi um homem nessa vida!

Próspero
Teu drinque agora é só sargaço mar;
o rango é sururu, raiz e casca!

Ferdinando
Ao ver a senhorita mais bonita que uma ninfa,
achei que eu era Ulisses lá na ilha de Nausícaa.
Porém agora que te escuto, meu senhor,
compreendo bem a minha sorte na Barbária:
caí nas mão do naufrageiro mais cruel.
Um cavalheiro escolhe a morte ante a desonra!
Senhor, defenderei a vida e a liberdade!
> tirando uma onda.

Miranda
Mas tenha dó, papai!

Próspero
> fala para Ferdinando.

Mas que panaca! Espie:
teu braço falha, bambeia o joelho.
Os teus nervos para a infância,

perderam toda força e pedem por um berço!
vira-se e fala com sua filha.
Miranda, minha infanta,
perto dos homens, este cabra é Caliban,
e perto disso os homens são uns anjos.
retoma o papo reto com Ferdinando.
Traíra! Eu bem devia é te matar!...
Mas bem prefiro a mão-de-obra. Siga-me.

Ariel
Inútil resistir, garoto.
O meu sinhô é feiticeiro:
nem teu ardor, nem teu vigor terão valor.
Apenas siga e obedeça. É o melhor.

Ferdinando
Meu Deus! Mas que macumba é essa?
Vencido e preso, longe de enfrentar a sorte
eu acho é doce a servidão.
Essa prisão pode ser vida,
se a cada dia o céu me conceder
um relance de sol, relance do *meu* sol.
Adeus, Nausícaa.

Próspero
fala para Ariel.
Você vai ser mais livre do que o vento!
Basta me obedecer cada palavra.

Ariel
responde para Próspero.
Eu cumpro até as tuas vírgulas.
e vazam.

Outra lição gramática:
entre iguais diferensas

>   X, no barraco, canta trabalhando.
>   quando, então, aparece Ariel,
>   que escuta por um tempo a cantiga.

X
>   entoando a curimba.

O que come a canjica sem pensar
em Xangô, quando pisca o mal tá feito!
É Xangô que desliza sob as unhas,
logo as parte arrancando o seu pedaço.
Xangô, Nzazi, Sogbô!
Xangô, Nzazi, Sogbô!
Se ninguém oferece um assento a ele,
pois sobre seu nariz tomará posto...
Se quiser, sentará sobre um cágado.
É o rei que mata e come o rei deposto.
Xangô, Nzazi, Sogbô!
Xangô, Nzazi, Sogbô!
Se não der-lhe lugar sob seu teto,

> *lamento lhe dizer: problema teu.*
> *Vai cobrir a cabeça com as telhas*
> *do telhado que arranca à força em fúria.*
> *Xangô, Nzazi, Sogbô!*
> *Xangô, Nzazi, Sogbô!*
> *Se tentar enganar, grande o trovão,*
> *não esteja na casa em fogo santo.*

Ariel
> Fala tu, Caliban! Sei bem que não me tem
> na tua querência, mas nós somos parceiragem,
> como irmandade nesse mesmo barco,
> atravessando o mar a nado nos barris.
> No mesmo sofrimento, na mesma esperança,
> guentando a escravidão nas mãos do mesmo monstro,
> o da gramática da fome e do desterro.
> Liberdade é o desejo só da gente,
> embora nossos métodos difiram.

X
> Quem fala tu, é tu. Diz aí mais suncê.
> Num veio aqui ficar de lero-lero,
> nem chegou só pra ver minha beleza tanta,
> disso dou garantia. Cariá, diz logo!
> Cá pra mim, quem mandou suncê, foi o veiúdo,
> não foi, não? Tá bem de empresa, amizade,
> um cão, criado pelo Cão, faz que obedece
> até jeito que pensa o dono da matilha.

Ariel
> Aí foi não, eu venho eu memo
> trazer sirene que te atente em tempo. Próspero

      tá de armação pa riba de suncê,
      deu de veneta se vingar com mais terrível
      só feiúra da terra. Achei por bem
      avisar por dever a quem semelho.

X
      Já cozinhei pau-de-resposta. Chegue ele,
      que eu o sento no toco e dou raio que o parta.

Ariel
      É pobre, pobre, pobre de marré-de-si,
      a alminha Caliban, vai se estragar tudim.
      Tu tem saber, de milha contada, que o cabra
      é mais brabo, e mais brabo suncê nem será.
      Um boi te bota dentro, e a boiada não tira,
      sei que a guerra tempera à vendaval sua hora,
      mas diz pra mim, bem cá pertinho, vale tanto
      e quanto guerrear nimbo civil de sonho?

X
      Oxe, logo suncê vem falar disso?
      Diz mais cá se adianta obedecer,
      com paciência pai-joão de encosto,
      com a lambida de lanhar a costa toda?
      Ó bem lá o que vem desse um de aparente
      ômi — bicho pió nem há — e toma escuta
      que o exigido a maió vem de tropel.
      A boca dele é grande, e todo dia,
      santo e comum, mais qué, mais qué, mais qué
      a botina que chuta e a bunda do criado,
      a vara, o peixe, as margem e o teu nado;
      mais vale um céu sem chuva pra quem lavra,

    do que daná à ventura de um doido
    que te deixa dançá a noite, e então te esfola.

Ariel
    Cada um, cada dois, com seu cadinho.
    o pelo nesse ovo já colhi.
    Diz que, sim, logo, logo vento livre.
    Fala de um ômi, claro: quando o cuco piar.
    Porém, ave me vale, afirmou de bem firme,
    como fruta de vez, madura é prometida.

X
    Ê pangó véi! Vai prometer mil vezes,
    e mil vezes, mais uma, vai trair fiado.
    Mas nem não me interessa o amanhã,
    o que eu bem quero, o que eu mais quero memo é:
    FREEDOM — NOW
            aos berros.

Ariel
    OK. Mas tá ciente que na força
    ele te ganha se suncê for lá tomar no já.
    O ponto que escolhi mirar tem precisão
    e o campo é bom pra vigiar o arsenal.

X
    Então suncê achou de achar que ele é mais braço
    na tomada do cabo? Que é mais força, o bruto?
    De onde foi que tirou ciência, flor?
    A mó de mil que há de ver o flanco fraco,
    toda perna de calça mostra um pato manco,
    mas se for de covarde olhar não bate a conta.

Ariel
    Não sou de acreditar que a ressaca das ondas
    educam se são coça em lombo de fedelho.
    Violência não me cabe em vestimenta, não.
    Nesse pé nem há crença...

X
        interrompe na brusquidão.
    No que tem fé? Na covardia? Na renúncia?
    Ajoelhar no milho, amarelar?
    É de certeza, tá certim, cu no pudim!
    Te dão bifa na fuça à direita, e suncê
    sorri com a bochecha à esquerda pra mais;
    na montada te espancam a bunda à esquerda,
    cê rebola e oferece a direita pra mais;
    assim nem tem ciúme nas tuas bandas.
    Se assim que é, pra mim é muito pouco.

Ariel
    Nem é assim que a minha ideia pensa, não.
    Nem chega de muxoxo, boi domado,
    nem vem de vezo em vesguice de zanga.
    Ouve de mim, põe atenção, quem deve à muda
    a semente plantada a viragem em flor,
    tem nome: é Próspero. Do bem, fazer tormenta
    nas cãs serenas do peludo pesadelo,
    até saber de si o ser de tanto injusto,
    que faz e é, tomando espelho à velha vida
    e cerre o livro que não serve mais.

X
    Ah, véi, é sério memo? Faz-me rir!
    Se é que entendo o que diz, e não duvido,
    tartamudo não fala, com sabença
    que veiúdo tem lá, retidão nele
    é papo que faz curva e justiça nem quer.
    A consciência é puta, e ele, um cafetão.

Ariel
    Mas não é por motivo assim, precisamente,
    que se lavoura um campo só de sal?
    É trabalho da gente ensinar outra via,
    que caminho tomar na encruzilhada.
    Sabe tu que não luto de livrar só eu,
    demanda é liberdade toda nossa,
    mas também acender a consciência em Próspero,
    e quando nasça, pois, também livrar o ímpio.
    Ai, Caliban, me ajuda a te ajudar.

X
    Ai, ai, Arielzim, às vezes me pergunto
    se endoidou, se bebeu sumo de erê!
    Consciência nascer em Próspero?
    É ver chifre em cabeça de cavalo,
    acreditar que flor nasça do asfalto.

Ariel
    Assim suncê me desespera. Sonho,
    que só se sonha junto, estimulante,
    que Próspero, suncê, também mais eu,
    entregávamos comprometimento
    de estar em sócia fraternidade, no encargo

de construir um milmaravilhoso mundo,
um cada qual, de qualidade sua mesma
na carga voluntária do fazer
a paciência, o ânimo, o desejo,
a firmeza e o amor, que bom seria...
à massa nem arrolo os sonhos, sem os quais
a humanidade morreria asfixiada.

X

Da letra que te dei, não pegou nada.
Próspero, esse um, não é do tipo
que acerta de subir a laje do vizinho.
É cãibra de sentir-se bem só se esmagar
pisadinho quem dê de atravessar na frente!
Brocador que tritura, caminhão perdido
pela ladeira do atropelo, e ele é isso!
E tu com ideinha de *fraternité*?

Ariel

Então, que resta? A guerra? Neste jogo
Próspero é próspero monstro imbatível.

X

Mió morrê que injusto açoite me carregue,
também humilhação, que eu não nasci pra isso...
Aqui te digo, pronta e verdadeira jura,
palavra dita, nem que seja a última,
será minha... a não ser que eu não pertença a nada.
Se acaso me faltar a pedra de Xangô,
e vir que nessa estreita via eu tô perdido,
deixa eu roubar alguns barris de pó do inferno,
e boto pelos ares esta ilha;

é meu trabalho, dela sou dono. E suncê
lá no tampo de azul no firmamento,
onde por gosto paira, vai só ver.
Quero a risada mais gostosa ao assistir
no meio dos escombros eu e Próspero.
Que o show de fogos de artifício ocê aprove:
será um X de chispa no céu do meu nome.

Ariel

Sinto que cada qual só escuta a própria ingoma.
Caminha ao som da sua.
Eu ando ao som da minha.
Desejo-lhe coragem, camará!

X

Dou adeus, Ariel,
a suncê eu desejo boa sorte,
camará!

Turistas acidentais

Gonçalves
    Maravilha de país!
    Das árvores pende o pão,
    o abacate é bem maior,
    tal e qual teta roliça
    de mulher bem feminina.

Sebastião
    É pena que a terra seja
    feroz aqui e acolá.

Gonçalves
    Meu bom, deixa de besteira!
    Caso for de haver veneno,
    certo que haverá antídoto
    ao alcance de se ver —
    é tão bela a natureza
    comprazida em harmonia.
    Olhe bem, li num lugar

que, para terreno infértil,
é excelente usar guano.

Sebastião
Que animal é esse, o guano?
Tem certeza que é melhor
que falar daquela iguana?
                aponta o animal que passa.

Gonçalves
Criança, se eu disse guano,
quero só dizer que é guano.
Sim, guano é o nome das fezes,
dos morcegos e das aves,
acumuladas ao longo
de muitas eras e eras;
e é um dos fertilizantes
mais incríveis deste mundo.
É nas grutas que se aninha...
é necessário, a meu ver,
prospectar, uma a uma,
todas as grutas daqui
para confirmar se existem.
Caso haja, é bem correto,
sob a gestão acertada,
será mais rica que o Egito
na beira do Nilo fértil
esta ilha em que aportamos.
E assim doura o ano inteiro...

Antônio
>*Dollar* é bom com doleiro.
>Se entendi bem direitinho,
>essa caverna de guano
>é rio de cocô seco.

Gonçalves
>Mantendo a sua metáfora,
>basta irrigar, dito assim,
>os campos com tal matéria
>fecal — é maravilhosa —,
>que daí tudo floresce.

Sebastião
>Pode ser que faltem cus
>pra cultivar tal riqueza.
>Estou só tirando onda
>com você. Quis dizer braços.
>Será habitada a ilha?

Gonçalves
>Quando for pra rir, me avisa.
>Mas, sim, aí é que está
>o tupi ou não tupi,
>o tucupi da questão.
>E caso seja habitada,
>só o pode ser por gente
>muito da maravilhosa.
>Pois é claro que esta terra,
>que ao seu redor maravilha,
>só pode nutrir de origem,
>seres tão de muito incríveis.

Antônio
> Sim!
> *Mas neste trabalho,*
> *dizei, minha gente,*
> *quem é mais valente,*
> *mais forte quem é?*

Gonçalves
> Há um cado disso, sim!
> Vejo logo que frequenta
> os clássicos da nação.
> Mas é bom tomar um tino,
> caso de haver cuidado.
> É bem o tipo de coisa
> que te impõe novos deveres.

Sebastião
> Me diz como entende o tema?

Gonçalves
> Digo, se a ilha tem gente,
> e penso, é claro que há,
> e nós a colonizarmos,
> e eu desejo muito isso,
> temos de ter precaução,
> como se fez quando a peste,
> de não trazer os defeitos,
> e transmiti-los aqui,
> que sem vergonha chamamos,
> pasme, a civilização.
> Se são como são, mantenham-se
> míticos e bons selvagens,

livres, sem complicações,
complexidade ou complexos.
Algo como uma reserva
tão, tão terna e inesgotável,
da fonte da juventude,
onde de tempos em tempos,
viríamos refrescar
nossas almas enrugadas
da velha cidadania.
Noutros termos, eu diria
pra fazermos desta terra
um belo parque temático,
que aventuras de exotismo,
com turismo sexual,
têm sucesso colossal!

Sebastião
Me parece um bom negócio.
Mas ninguém trabalha aí?

Antônio
Só bandido e vagabundo
vão viver a Era de Ouro!

Gonçalves
        sem prestar atenção.
E a nossa roupa tá linda,
a tintura segue firme,
desde quando a gente vinha
daquela mutreta em Túnis
casando a filha do rei
a tão bela Claribel,
com o príncipe africano,

garantindo mais poder
noutra costa dos escravos.
Gloriosa ela será
para a sede de resorts!

Antônio
Túnis nunca teve festa,
o baile dela flopou,
podia ter sido top.

Gonçalves
Pelo menos desde o tempo
em que Dido deu pra Eneias.
Podem conferir Virgílio.

Sebastião
Esse era o dildo de Dido!
Que viúva mais fodida
que vibramores resolvem!

Antônio
Eita Eneias viuveiro!

Sebastião
Porém ela era rainha
de Cartago, não de Túnis.

Gonçalves
Caros, Túnis é Cartago.

Sebastião
Meu senhor, o velho é foda.

Antônio
   Essa língua é uma harpa,
   farpa é outro patamar.

Sebastião
   A julgar pela toada,
   vai botar a ilha no bolso
   e dar de presente ao filho,
   feito fosse uma maçã.

Antônio
   E no mar vai semear
   as sementes desta ilha
   de largados e pelados
   produzindo um arquipélago.

Gonçalves
   Mas eu falava das vestes
   no casório da princesa.

Alonso
   Então tá, senhor Gonçalves,
   quando acaba, ó palestrinha?

Gonçalves
   Majestade, se importuno,
   tão logo me calarei.
   É que a nossa salvação
   é tão maior do que a perda...
   há tanta esposa por aí
   a chorar por seu marido
   que é doce morrer no mar,

onde dizem há um copo
para o homem navegar...
vinha no disse que disse,
para, afinal, entretê-lo
e driblar o triste curso
de ver só pensar desgraças.
Só queria sopesar
dor e sorte na balança...
cala-te, diz, e me calo.
E digo ainda, meus velhos
ossos não aguentam mais.
Ufa! Que agora eu me sento,
desde que haja vênia vossa.

Alonso
Ah, meu velho nobre, embora
mais bem conservado, estamos
já nós dois em mesma nau.

Gonçalves
Então está exaurido!
Morto de cansaço e fome.

Alonso
Não afirmei hora alguma
estar acima de humano!
              entra uma música estranha e solene.
Escuta! Escuta! Escutou?

Gonçalves
Sim! É uma estranha harmonia!

O banquete

>   Próspero entra, invisível. também
>   entram figuras bizarras trazendo
>   um banquete. e elas dançam e convidam
>   com muita graça o rei, também seu séquito,
>   para comer, depois desaparecem.

Alonso
  Que o céu nos proteja a todos!
  São os Bonecos de Olinda!

Gonçalves
  Mas que gracinha essa música!
  Hm! É tudo muito estranho.

Sebastião
  Sumiram! Evaporaram!
  Mas tanto faz, o banquete,
  que é o que importa, eles deixaram.
  Nunca nada veio tanto

a calhar, em boa hora.
Tá na mesa, pessoal!

Alonso
Opa, vamos ao banquete
nos refestelar um monte;
comer como não houvesse
pra nós a próxima vez.
>enquanto se preparam pra comer,
>diabretes, curupiras, cariapembas,
>entram incorporados, caretudos,
>e carregam a mesa dos convivas.

Gonçalves
Ah! Mas que deselegante!

Alonso
Caímos em mãos erradas,
amor não era, é cilada,
são poderes ancestrais
dos gatos cercando ratos.
É cruel, muito cruel
ver o mel ser arrancado
bem da boca das crianças.

Gonçalves
Justo aqui, nesse momento,
nada há que me surpreenda
e em nada nos serviria
fazer papel de rebeldes.
>e então, mais uma vez, os divininhos
>entram, de novo, em cena com os pratos.

Alonso
Ah, não! Me segura que eu
vou dar um treco, de novo...
Não vamos mais aguentar!

Sebastião
Ó, nessa fome do cão,
vou calar qualquer escrúpulo.

Gonçalves
    fala pra Alonso.
Não nos cabe a tentativa?
Talvez ao ver nossos rostos
tão tristonhos, os poderes
a que temos reclamado,
atenderam nossas preces
se apiedando de nós.
Cem vezes frustrado, Tântalo,
afinal, sempre voltava
a começar mais cem vezes.
E a polícia, se precisa,
não hesita em repetir
num só corpo cem balaços.

Alonso
Tal suplício era só dele.
Eu é que não vou tocar
na maldição desses pratos.

Próspero
    fala,
    apesar de invisível em cena.

Não me parece nada bem que neguem,
Ariel. Atormente-os pra que comam.

Ariel

Por que enchemos o saco deles?
Se não comem, são livres a morrer de fome.

Próspero

Não, eu quero que comam.

Ariel

Aí é despotismo. O que, lá atrás,
me obrigou a tirar de suas bocas
tão ávidas, agora que recusam
você quer entuchar goela adentro.

Próspero

Basta de racionalizar! Mudei de humor!
Me ofende que não queiram comer nada.
Que feito menininhas eles sintam
vontade de comer na minha mão.
É submissão, não menos, o que exijo
deles — que seja sua marca então.

Ariel

Não me parece certo brincar com suas fomes,
nem com anseios e esperanças.

Próspero

É justamente neste ponto que o poder
ganha a justa medida. E eu sou o *Poder*.

Alonso
          e toda a sua comitiva está comendo.
  Ai, quando eu torno a pensar...

Gonçalves
  Senhor, o mal mora aí:
  jinji de pensar demais.

Alonso
  Então me diz que não posso
  nem pensar no meu filhote
  que eu perdi? Nem no meu trono?
  Menos ainda na pátria?
  Na filha que pus em Túnis
  pra aumentar meu próprio lucro
  e que nunca mais vou ver?
  Ai, meu filho, meu herdeiro,
  mas que peixe te pegou
  pra enfeitar a refeição?

Sebastião
  Mas a perda mais pior
  é a filha pro africano!
  E bem que ela se casou,
  quando a nossa própria terra
  fica cheia de viúvas
    dando tudo que não podem...

Gonçalves
          está comendo e fala
          dirigindo-se para Alonso.

Sebastião, que tosqueira...
Ah, Seu filho! Sim, ninguém
aqui disse que perdeu,
aprume-se meu senhor,
digo que vai encontrá-lo!
Quanto ao que resta, senhor...
olhe bem esta cabana,
agora é o mundo pra nós.
Cabe mesmo olhar além?
Se amplos forem os pensares,
melhor é cortar bem rente.
   continuam comendo.

Alonso
 Você parece bem certo,
 seja essa ideia a melhor.
 Mas agora eu quero mesmo
 é descansar a cabeça
 cabendo no travesseiro.
 Vou dormir, sonhar talvez...
 entrevejo neste sono
 uma coroa pousando
 na cabeça do Tião.

Gonçalves
 Não conheço melhor hora!
 Pendurem as nossas redes!
   todos eles adormecem.

O sono amiga, nunca o homem

Antônio
   Olha bem, esse bando de arrombados, sanguessugas!
   Chafurdando na fossa arrancando catota do brejo:
   idiotas visguentos, são como medusas falhadas.

Sebastião
   Chiu! Tá doido, é? Aquele é o Rei.
   E aquele de mento nevado
   é o venerável conselheiro.
   Melhor pôr a barba de molho!

Antônio
   Bom rei é aquele que vela o dormir do rebanho.
   Este aí não parece velar. Ergo, não é o Rei.
         diz abruptamente.
   É não ter nenhum sangue nas veias olhar rei roncando
   sem lhe dar de certeza umas boas ideias no quengo...

Sebastião
    Então, o que de mim tu crês
    é que onde haveria sangue
    tenho é corredeira de água.

Antônio
    Não creio que devamos maldizer a água
          [sem calúnias!
    Cada vez que me olho, me acho mais belo,
          [um deslumbre.
    As águas que são minhas, e correm em mim,
          [ascenderam
    minha grandeza, minha grandeza veraz, não aquela
    a que os homens costumam emprestar à minha pessoa.

Sebastião
    Então, assim, vamos dizer
    que eu seja uma água parada.

Antônio
    A água não para nunca. Ela trabalha e nos trabalha.
    Ela é quem dá ao homem a sua dimensão, a verdade.
    Creia em mim, equivoca-se em não agarrar o oportuno.
    Pode ser que, talvez, jamais ele apareça novamente.

Sebastião
    Diz onde você quer chegar?
    Tenho medo de adivinhar.

Antônio
    Pois adivinhe, homem, mas que diabos, adivinhe!...
    Veja esta árvore, que ao vento suas folhas balouçam.

Chama-se dendezeiro... Sebastião, meu caro, creia
em mim, chegou a hora de agitar o dendezeiro.

Sebastião
Agora é que danou-se tudo.
Eu entendo cada vez menos.

Antônio
Mas que arruaça! Escute: eu sou o duque de Milão.
Nem sempre o fui... e tenho um irmão mais velho. Ele foi
o duque Próspero. E se agora eu sou o duque Antônio,
é porque soube sacudir o dendezeiro em tempo.

Sebastião
Sei. E então, como fica Próspero?

Antônio
Não sei muito bem que pergunta me faz — tá confuso?
Alguém sempre cai no balanço da árvore — um fato.
Não tem dificuldade: se quem caiu não fui eu...
se Claribel está bem longe na costa africana,
por isso cá estou: pra ajudá-lo e servi-lo, Majestade!

Sebastião
Chega! Afinal, é meu irmão!
Meus escrúpulos não permitem...
na real, mesmo, eles me impedem.
Então, ele é tua incumbência;
deixa que eu lido com o outro,
o bode velho Conselheiro.
Agora vejo que o teu caso
me servirá de precedente

quando enfrentar a CPI.
>*em juramento cruzam as espadas.*

Ariel
Parem com isso, seus cuzões! É fútil
resistir: suas armas estão encantadas
e cair de suas mãos elas vão.

Antônio, Sebastião
Ó santa maldição! Que morcegos nos mordam!

Ariel
Psiu! Eia! Ô! Levantem, dorminhocos!
É hora de acordar, levantem pra cuspir!
A vida de vocês depende disso.
Vampiros atrevidos armam golpes
com dentes afiados e espadas em punho,
e quem dorme demais, toma o perigo
de ver-se em sono eterno em berço esplêndido.
>*cantou ao pé do ouvido aos dois adormecidos.*

Quando vosmicê dormia
a trairage só crescia
sangue nos zói.

Se quiser guardar a vida
abre os zóio na corrida
antes que dói.

Alonso
>*e Gonçalves acordam.*
O que está acontecendo?

>   desperta
>   esfregando os olhinhos.
> Eu estava a sono solto
> e tive um sonho terrível!

Ariel
> Não, não diria que estava sonhando.
> Perceba que este par de belos cavalheiros,
> vilões de sete peles que aqui estão,
> estavam prestes a intentar contra você
> um crime repulsivo. Sim, Alonso,
> pode maravilhar-se que um ser do divino
> venha voando a seu auxílio. Queira mais
> que os céus te deem o quanto mais mereça.

Alonso
> Com divino nunca falho
> e o divino não me falta.

Ariel
> Senta que vou te dar uma notícia
> e não sei o que vai despertar em sua alma:
> O nome de quem me enviou é Próspero.

Alonso
> Deuses salvem casa santa!
> Próspero! O bem vence o mal,
> logo espanta o temporal!
>   Alonso cai de joelhos.

Ariel
>Entendo bem tua emoção: ele está vivo,
>e reina nesta ilha, também reina
>sobre os espíritos que pairam pelos ares
>que respiram... levanta agora... já não há
>motivos, nem lugar, para temer.
>Ele não te salvou para perdê-lo.
>O jeito que perdoa é diferente,
>basta que se arrependa de sincero,
>e se ele vir que vem do fundo de teu peito,
>será suficiente, assim percebo.
>>então gira e fala para Antônio e Sebastião.
>
>Quanto aos senhores, o perdão do meu Senhor,
>de certo lhes compete, desde que, ciente
>sua vaidade, saibam dar renúncia
>ao sonho de X9 matador.

Sebastião
>>fala para Antônio.
>
>Podia ter dado bem ruim!
>Do jeito que termina é safo.

Antônio
>E vindo, assim, em homens, eu não recuaria,
>um passo atrás eu darei com diabos e magias,
>e cá digo haver nenhuminha submissa vergonha
>em dar de ré à vontade de voltar meus desejos.
>>começa a falar para Ariel.
>
>... Somos uns servos muito obedientes e humildes
>do duque. Peça que receba a nós — agradecido.

Gonçalves
    Ah! A gente celerada!
    Velozes em passar pano!
    Bem, senhores, atenção!
    Se vão lá se arrepender,
    não o façam boca afora!
    Quando se tenta traição
    que só não seja atrição,
    haja também contrição...
    Porque me olham assim,
    como se não entendessem?
    Pois então vou definir:
    Atrição: é o sentimento
    interesseiro, e ação,
    de haver arrependimento
    por ter ofendido a Deus,
    mas por medo do castigo.
    Contrição: é o sentimento
    altruísta, do pesar
    o arrependimento é o mesmo,
    mas atende, unicamente,
    ao descontento de Deus.
    Só no caso de os senhores
    verem Deus além da grana.

Ariel
    Gonçalves, homem puro, muito grato
    por expor o teu ponto de vista eloquente
    na eloquentíssima expressão vernácula.
    Facilita a missão que me foi dada,
    e o emprego da didática abreviou
    o que pensa, decerto, meu senhor

— foi, em poucas palavras, pedagógico.
Tomara o homem tenha sido ouvido!
Em sendo assim, é hora de virar a página!
Para encerrar este episódio, cena e ato,
em pleno cerne da comédia trágica,
farsa pública ou problema exusíaco,
me resta convidar todos vocês,
em nome de meu mestre e senhor, para então
virem às festas que devem marcar
o noivado de Miranda, sua filha.
Alonso, trago boas novas pra você...

Alonso
Me diga, quais? Sobre meu filho?

Ariel
O próprio. Salvo da fúria das ondas
pela graça de Próspero, meu mestre.

Alonso
    caindo de joelhos.
Deus seja louvado, dou graças!
Graça maior que isto não há!
Influência, fortuna, trono,
sou capaz de abrir mão de tudo,
bem pronto estou a desistir,
se desta selva tão selvagem
o meu filho voltar pra mim.

Ariel
Senhores, deu a hora. Por favor, me sigam.

Papo de aranha

Ferdinando
        ao revirar o solo entoa.
Eu quero morrer de noite, na tocaia me matar.
Eu quero morrer de açoite se tu, nega, me deixar.
Vida de negro é difícil, é difícil como o quê.
Vida de negro é difícil, é difícil como o quê.
        distrai-se com a lenha
        e puxa um papo com X.
Malhar, às vezes, causa dor. E gosto disso,
no desconforto encontro deleite e deliro.
Há trabalhos braçais que parecem pequenos,
porém vejo razões bem nobres neles; vale
resultar do que é mínimo e espúrio, o diamante.
É muito fácil odiar este trabalho
abjeto e repugnante, seria pesado
não fosse pelo amor a que tenho servido,
que torna vivo o coração do morto.
Minha doce senhora sempre chora
quando me vê nesse trabalho vil.

Eu, nem aí, consumo sua doçura; e é isso:
o sumo do prazer vem de amar o labor.

X

       pensando só pra si.
Mano do céu! Que otário! Inda por cima é brega...
e é sério memo que esse brancarana
brinca de assobiar cana cativa?
Solibô engoliu à toa a língua...
       começa a falar enquanto trabalha.
Ai, se tadim de mim fosse mais eu!
Difícil é pa quem sabe, cê sabe,
trabaiadô de quem faz sol à lua...
a curimba tocava, a curimba sabia:
       X cantarola o barravento.
Trabaia cambondo, trabaia
faz vintém pa soltar tiziu.
Denguê, uendê dendê, ê macaia
se moscar passarim sumiu.

Ferdinando
Ei parça, venha cá: não acha o pai da moça,
aquela que nem sei o nome, um antipático?

X

       não dá trela pro cara.
E nem rabo de saia em seu consolo!
       e, assim que vê Miranda
       que vem pelo caminho,
Espia, espia, agora escuta!
       mete outro barravento.

Muriquinho piquinino,
ô parente
muriquinho piquinino
de quissamba na cacunda.
Purugunta onde vai,
ô parente.
Purugunta onde vai,
pro quilombo do Dumbá.
Ei chora-chora ngongo ê devera
chora, gongo, chora.
Ei chora-chora ngongo ê cambada
Chora, gongo, chora

Miranda
    chega e mira Ferdinando.
Ãe, cuti-cuti, meu tadinho, eu posso
te ajudar com alguma coisa, fofo?
Descanse um pouco, eu pego a tua tora!
Acho melhor parar um pouco, olha,
você não tem perfil pra aguentar o trabalho!
Aqui, senta comigo um pouco, vem,
eu trouxe água de coco e red bull...
dá tempo pro descanso, enquanto o pai
se meteu pelos livros de São Cipriano,
lá fica sem me encher umas três horas.

Ferdinando
Assim que você chega o dia vira
e tudo se converte em Florais de Rexona.
Linda donzela, o sol irá se pôr
e nada do trabalho terei feito.
Dizei uma palavra, e serei salvo,

enquanto sento à toa e te contemplo!
faz cara de quem disse o que não deve.

Miranda
Uma palavra? Eu? Mas eu nem sei...
Já sei o que fazer, carrego a lenha,
a levo logo e encimo ali na pilha...
É tão injusto que trabalhe tanto...
Se eu pudesse tacava fogo em tudo!

Ferdinando
Só pode estar maluca, criatura
preciosa! Eu prefiro romper mil tendões!
Mas diz no meu ouvido a quem eu devo
oferecer as preces, não um rosto, apenas
teu nome, nada mais do que o teu nome!

Miranda
Isso eu não posso! Papai não me deixa!
Eu sofro por querer, mas temo dar
aquilo que é só meu, tão bem guardado...
E quanto mais tento esconder, se mostra
a minha timidez, dissimulada,
e fico tão confusa, quer saber?
Melhor então fugir de mim, é o que eu digo...

Próspero
olhando o encontro de longe, diz.
Acho que vai dar bom, meu bibelô
já foi mordido. O encontro mostra isso.
Voem as garças, as graças celestes,
venha a chuva e semeie o campo deles.

Ferdinando
>olhando fixamente para Miranda,
>diz para si em pensamentos
>muito próprios.
Não sei mais quanto tempo aguento esse cu doce...
>então fala com ela ardentemente.
É o único favor a que eu aspiro.
É todo meu suspiro! Ah, você!
Não há igual floresta com tanto verdor!
Encanta com teu canto as criaturas,
parece até a princesa de Von Disney.

Miranda
Mas eu já disse que é tabu de lei!

X
>aproveitando um bobeio de Miranda
>sopra a Ferdinando
>o nome da mocinha.
Mi-nân-co-ra

Ferdinando
Assim eu te nomeio e te batizo.
Doravante eu te chamarei Minâncora!

Miranda
Só me faltava essa, seu patife!
Com certeza escutou pai me chamar...
ou então Caliban, bicha nojenta,
que todo dia me persegue em tudo
soltou meu nome nos seus sonhos bestas!
Mas teu ouvido entortou, queridão,

errou rude, me chamam de Miranda!
Ah, não! Eu fiz tudo errado de novo!
Como pude ser tão tagarela, meu Deus!
Eu desobedeci as ordens de papai!
Vou comer bosta da gata amarela!
                a expressão é ambígua, quase entediada.

Ferdinando
Sim, Miranda! Deixei falar meu olho,
tal como fala a tua linda face.
Tu és o top da admiração!

Miranda
Ai, nessa terra eu mal vi gente igual a mim,
não tenho nem sequer recordação,
nem sei dizer as caras no estrangeiro.
Mas juro pelos bens da perseguida
que nunca quis ninguém senão você,
Nem sou capaz de imaginar alguém melhor...
mas eu tô dando é tudo de barato.

Ferdinando
Minâncora ou Miranda, eu sou um príncipe;
na real, na real, eu já sou rei.
Eu nunca aceitaria este trabalho,
não mais que varejeira em minha boca,
mas por você, meu curauzinho fresco,
aceito a escravidão de lenhador.

Miranda
            mal disfarça o tédio.
Mas isso quer dizer que você me ama?

Ferdinando
>algo cansado de encenar.

Nem mesmo o céu, nem as estrelas sabem
como é grande o meu amor por você.

Miranda

Mas que jacu que sou, chorando de alegria.

Ferdinando

Mas vai chorar de quê, ô periquita?

Miranda

Porque imprestável sou, não posso dar
aquilo que mais quero nesta vida...
Agora eu sinto o cheiro do casório.

Ferdinando

Eu serei teu homem, você minha mulher!
Flor, já tive mulheres de todas as graças,
mas, não, nenhuma delas me faz tão feliz...

Miranda
>interrompe súbito Ferdinando.

Ei, Psiu! Ai que lá vem meu pai!
Só falta te pegar nessas balelas...

Ferdinando
>já volta a trabalhar e canta.

Eu quero morrer de noite, na tocaia me matar.
Eu quero morrer de açoite se tu, nega, me deixar.

Próspero
    Que maravilha, garotão!
    E nada mal o rendimento, pra um começo.
    Já percebi que te julguei por baixo.
    Mas aí vem a boa:
    você não perde nada em me servir.
    Você vai ver três coisas nesta vida, amigo:
    Trabalho, Paciência e Contenção,
    assim será o mundo todo teu...
    e Caliban que o diga! Venha cá!
    Aliás, vou levar o molecão aqui.
    Acho que já trampou demais por hoje.
    Então você dê conta das urgências.

X
    Mas eu?

Próspero
    Mais quem? Você! E já me fez perder meu tempo
    entre treta e leseira por trabalho duplo.

X
    Não sei por que pagar boleto alheio!

Próspero
    Quem é que manda aqui, ô tralha escrota?
    Se tiver um pelinho em tua mão,
    pode apostar que eu chego pra arrancar!
            Próspero, Miranda e Ferdinando vazam.

X
>
>   Vai lá, vai lá, que um dia tu é meu, carcaça!
>   volta ao trabalho enquanto canta.
> *Ei chora-chora ngongo ê devera*
> *chora, gongo, chora.*
> *Ei chora-chora ngongo ê cambada*
> *Chora, gongo, chora.*
>   bruscamente, uma voz. X pula pelo susto.
>   Ê caceta de unvula. Só faltava essa!
>   Dá de escutar u'a voz no meio do corisco?
>   Blé, Ariel... nem né voz dele não.
>   E então? Zóia, eu já vi foi é de tudo
>   quando se trata do cuzento Próspero...
>   Na certa que é milico, um truque dele.
>   Mas boa, tá de boa e é mió!
>   Os ômi e os elemento contra mim!
>   Que se foda, já tenho em mim costume.
>   Ah paciência! Dia meu virá!
>   E, enquanto cá espero, aqui me escondo:
>   um dia eu sei que Próspero já passa,
>   com seus milico, truque e coriscada,
>   latindo o sete-boca da Desgraça!
>   Que o furdunço do infecto que o sol traz do charco,
>   do lodo de Nanã, se tombe sobre Próspero,
>   Cavungo seja brotoeja em tudo!
>   retumbam os trovões.
>   Os xapiri que ele comanda me ouve,
>   mas prego ainda assim a minha praga.
>   Não me ajuda ni coisa da nenhuma
>   aclareando o breu da madrugada.
>   Mas são bugio sobre mim; guinchando, mordem;
>   são porco-espinho na vereda brava

rasgando o pé descalço; são jaracuçu
num silvo estranho que me leva pa loucura.
    algo, ou alguém, entra.
    X não reconhece.
Lá vem mais um esprito pra me atazanar
porque me demorei com toda a lenha.
eu vou é me fingir de morto aqui deitado.
    deita debaixo de um carrinho-de-mão.

Rola barril, barril é dobrado

Trínculo
   cantando.
Fico presa na tempestade
Onde não durmo comigo
Há restos de verdade
A que a dor tirou sentido

Caída entre os espaços
Do meu corpo destruído
Já não há restos de verdade
E a dor perdeu sentido.

Choramos como quem nasce
Escorrendo a saudade
Vens no Sol de madrugada
Como a mão na tempestade.
   entra em preleção.

Ah, isso quer dizer:
meu docinho de coco,
aposte a ficha em Trínculo,
que agora é papo reto:
no cabrum da borrasca,
virá o meteoro
da paixão. Eu te juro!
O equipamento limpo...
lavado e liquidado.
Só resta o pobre Trínculo
no choro do extravio!
E não é amanhã
que vão me resgatar
pra animar as mulheres
e os sedutores vermes
e o cabrum da borrasca!
    vê X embaixo do carrinho-de-mão.
Mas olha: que pé-d'água!
Mas mire e veja: um índio!
Será que peixe ou gente?
Estranha a fedentina...
será que morto ou vivo?
Com raças desgracentas
nunca dá pra saber...
Parece até ilhéu
fulminado por Zeus.
Ah, seja como for
não nega o meu negócio!
Se já morreu, me abrigo
embaixo desses trapos,
num manto e parapeito.
Se ainda vive, é prenda

e levo pra Europa,
e na certeza firme
me atocho o cu de grana!
Posso vender pro circo,
ou festival de horror.
Ah, deixe de besteira!
Eu mesmo faço a feira
e ponho a coisa dentro.
Um puta empreendimento!
Então fechou assim:
vou me aquecer aqui
para deixar passar
o cabrum da borrasca.
        se aninha sob a cobertura,
        colado costa a costa junto a X.

Estêvão
        entra cantando.
Vai, cabra macho, enfrente o macaréu,
dizendo adeus Bordeaux, e olá bordel.
Na terra papagalli veraneia,
caçamos índio, preto e até baleia.

E muita gente vai se escalpelar,
adeus miséria, olá, meu lupanar;
A marujada mostra sua bandeira,
pois vai ter lucro dessa pirambeira.
        bebe um gole e retoma.
Vai, cabra macho, enfrente o macaréu,
dizendo adeus Bordeaux, e olá bordel.
        para e dana a falar.

Mas eita cantilena bosta,
se bem que serve de consolo.
Este é vinho Bordô, meu bom,
e esta garrafa é suvenir...
que há de me dar coragem!
Haja colhão, varão Estêvão!
Enquanto há vida, há sede,
e também viceversamente!
Creiam no Estêvam: é um zíndio!
   num supetão percebe a cabeça de X,
   que está pra fora dessa cobertura,
   então se achega e atesta.
Lavro e dou fé, meu Deus: é mesmo!
Que chique! Eu dei a sorte grande!
Matute um pouco, mano velho:
um zíndio desse dá bufunfa!
Imagina: botar num circo,
no meio, entre a mulher barbada
e o micro elevador de pulgas,
voilá, veja só — um zíndio!
Um zíndio, zíndio pra valer,
vindo de lá das Caraíbas!
Isso vai dar cascalho forte,
dá pra fazer uns cruzamentos,
cevar todo esse gado novo
e colher esse pé de grana,
ou sou o mais pangó dos tongos!
   tateando X.
A coisa tá um picolé!
Se bem que não sei bem dizer
a temperatura dum zíndio,
mas isso aí é bem gelado!

Ah, só não pode empacotar!
Mas ê danada urucubaba,
achar um zíndio empacotado...
dim-dim que escorre pelos dedos...
mas a cabeça ainda funfa!
Vou dar um gole desse mé,
um biotônico fontoura,
que só de esfregar na gengiva,
a fera já se esquenta toda.
   faz X beber.
Toma, que o mé te melhora.
Parece até que renasceu!
Mas olha o naipe de pau-d'água!
Espera só um segundinho.
Eu juro que não sou cegueta!
   contorna o carrinho de mão
   e vê a cabeça de Trínculo
   pra fora dessa cobertura.
Mas é um zíndio bibocal!
Eita, que putaquinamerda,
pra hidratar duas bocarras,
fazendo a turma do funil,
não sobra é nada na garrafa.
Ah, pouco importa, pouco importa!
E na verdade é formidável!
Um zíndio simples era show,
um puta job na empreitada,
agora um zíndio bibocal,
o tal do zíndio siamês,
um zíndio duplo de oito patas,
é um novo approach de startup!
Vai então, monstrengura linda,

    e me abre logo essa biboca!
    Toma, toma! Mas essa cara...
    essa nareba reluzente...
        se achega a

Trínculo
    Mas essa pança...

Estêvao
    Essa nareba, tem um troço.

Trínculo
    Só existe uma pança
    com tal circunferência
    em todas as quebradas
    do mundão de meu Deus!

Estêvão
    Eu juro por todos os santos!
    É aquele mané do Trínculo.

Trínculo
    Lavro e dou fé: o Estêvão!

Estêvão
    Você também sobreviveu!
    Assim começo a acreditar
    que existe um deus dos manguaceiros!...

Trínculo
>Certeza! O Deus Barril...
>boiando num barril
>eu consegui chegar
>na terra hospitaleira;
>eu nado feito pato,
>um pato esperto, juro!

Estêvão
>Eu juro pela minha pança:
>comigo foi a mesma coisa!
>Mas e essa lontra? Não é zíndio?

Trínculo
>É bem o que eu dizia...
>aposto que índio o é.
>Foi nossa sorte grande:
>vai nos servir de guia.

Estêvão
>A fera não parece besta,
>a julgar pela garganta.
>Dá pra tentar civilizar...
>mas não demais! Só o bastante
>para a gente tirar proveito.
>Nem tanto ao mar, nem tanto à terra,
>tudo demanda comedida.

Trínculo
    Civilizar? Que porra!
    Fica bunda de fora
    ou calça de veludo!
    Será que a besta fala?

Estêvão
    Assumo que não consegui
    disso nenhuma palavrinha,
    porém conheço um santo jeito
    para fazer soltar a língua.
            tira uma outra garrafa do seu bolso.

Trínculo
        dá um tapa na mão de Estêvão
        o impedindo.
    Despirocou de vez?
    Cê vai desperdiçar
    a mais doce ambrosia
    na boca da primeira
    fera que aparecer?

Estêvão
        insiste e dá de beber a X.
    Seu egoísta! Eu vou cumprir
    a missão civilizatória.
    Se a gente só desbronquizar,
    a besta vai quebrar um galho
    pra mim e pra você. Fechou?

E partilhamos meio a meio
as ações do nosso negócio.
Quer assinar algum contrato?
        fala para X
        empurrando a manguaça.
Toma cá, meu ganha-pão, toma.
Você beber meu bom goró.
        e X bebe
Beber mais um...
        e X se recusa.
Você sem sede?
        Estêvão bebe mais um gole e diz.
...Eu sempre sede!
        daí coloca o amigo na roda,
        barril é dobrado
Trínculo, eu tenho que assumir
meu preconceito com naufrágios.
Errei. Até que a coisa é boa.

Se o pé na terra é firme, cabeça tem ideia

Trínculo
    Falou e disse tudo.
    No fundo, é um mergulho
    e que, ao fim e ao cabo,
    tempera o tiragosto.

Estêvão
    Isso sem falar que nos livra
    desses malucos lazarentos
    que impedem o mundo de viver!
    Então paz pras alminhas deles!
    Tu amou mesmo essa fileira
    de duques reis e nobretada?
    Eu só servia à porra toda,
    para poder pagar meu vinho...
    jamais dei corda pra essa raça.
    Trínculo, brou, você já sabe:
    eu sou republiqueta velha!
    Espia tudo aqui por dentro:

a tripa é já republicana.
E que se foda a tirania!

Trínculo
Rapaz, nesse teu papo
eu danei em pensar.
No pé que agorestamos,
já posso pressupor
que o duque e o nosso rei
agora são presuntos,
então sobrou na terra
uma coroa e um trono
em busca por herdeiros.

Estêvão
Mas putaqueopariu! Vredade!
Cara, isso é muito fenial!
Eu vou é me tornar o herpeiro.
Eu me coroco o rei da vilha!

Trínculo
Mas oi? Por que você?
Ei, tá todo bebum!
Nessa tal de coroa
eu que pensei primeiro.

Estêvão
        se endireitando.
Então me mande um papo reto,
pode deixar de enrolação:
o que é que um rei precisa ter?
Tem que ter pose de imponência,

  e posso te falar bem sério:
  o que eu mais tenho é imponência.
  isso não é pra todo mundo,
  não é pra todo mundo, não.
  eu disse, ouvisse, e teje dito!
  Por conseguinte, eu sou o rei
  — segura o bambu do marafo.

X

  E viva o rei! E viva o regicida!
  Juro promessa, pelo cramulhão
  que morra dentro do teu garrafão,
  que quero ser teu seguidor fiel!

Estêvão

     num arroubo
     dá um abraço em X.
  Mas eita porra, a fera fala!
  E fala lindo, brava besta!
  Tá vendo, Trínculo, meu velho,
  você ouviu a Voz do Povo,
  e assim... Vox populi, vox Dei.
  Voz eu puli, e voz eu dei.
  Mas não precisa ficar triste.
  Estêvão é um rei porreta,
  nunca abandona o mano Trínculo,
  o mano das cagadas todas.
  Juntinho a gente já comeu
  o pão que o diabo amassou...
  já entornou um marafo bravo.
  Faço de tudo por você!
  Eu te nomeio marechal,

  e assim você vai comandar
a minha guarda pessoal.
Porém voltando à vaca mansa,
melhor dizendo, à besta-fera,
esse milagre da ciência,
dotado até do dom da fala!

Trínculo
    fala para Estêvão
  Nem sei como eu sentia
um medo dessa coisa.
Ao sol parece gente...

X
  Pois é, sinhô, a empolgação me fez falar!
Mas ó, suncê falou que vem do mar,
então não veio lá do alto Eldorado?

Estêvão
  Eu vim da lua, que é bem alta.
Tem quem me chame de lunático.

X
  Ê luaral de Oxóssi benedito!
Sabia que te vi na lua! É certo!
Na dúvida olha a dica: viva o rei!
Porém te esperta contra algum X9!

Estêvão
  X9 quem? O quê? O Trínculo?

X

    Pelas avessas! É o próprio Próspero!

Estêvão
Quem anda próspero? Nem sei...

X

    É muita treta pra Vinícius de Moraes,
    resumo da conversa: outrora eu era o herói,
    no toma lá da cá, da ilha eu já fui rei;
    Próspero veio e pimba — me tomou.
    Mas olha, sem caô nem malandragem,
    te passo meu direito mó de boa.
    Mas tem que entrar no braço contra o Próspero.

Estêvão
    Eita oxorongá, coisa doida!
    Mande embrulhar: fechou negócio!
    E garanto que em dois palitos
    te tiro o encosto desse Próspero.

X

    Se liga: o cabra é casca-grossa.

Estêvão
    Minha querida besta-fera,
    Eu manjo uns Prósperos assim
    e só no café da manhã
    a cada dia engulo é dúzia.
    Chega de conversa fiada!
    Meu Trínculo, comande as tropas!
    Vamos marchar ao inimigo!

Trínculo
>Façamos nossa marcha,
>mas antes a manguaça.
>Precisamos de força
>e muita empolgação.
>Por isso, leia o livro!
>>pega a garrafa.

X

>Mas antes a manguaça e a curimba,
>é o que mais digo aos meus amigos novos:
>jamberessu contra alafim tirano!
>>e manda ver no batuquejê.
>
>*canta a curimba no ponto*
>*Ê ipecó da caatinga*
>*o assum-preto explora o novo dia*
>*bruto e vivo*
>*na cumeeira do cocá.*
>*Zip! Um cafuné de colibri*
>*curima no caraguatá*
>*vira heyoka, vira pinga*
>*calimba no delírio da cacimba,*
>*La Liberté, olé! La Libertad, olá!*

Estêvão e Trínculo
>>em coro.
>La Liberté, olé! La Libertad, olá!
>ê bairari nessa macaia
>extraviado em ilha aqui a paz
>A canela de velho é só pilhagem
>do sangue intenso da baga madura
>do sangre e sangre pinta o ecodidé

viajeiro!
Na muxima do dia devastado
dá pra ouvir
La Liberté, olé ! La Libertad, olá!

Estêvão
Eita caralha monstrengura!
Essa arrulhada já me encheu
e a cantoria dá mais sede.
Desce o marafo, mais e mais!
O mé é que nos traz bravura.
            entorna uma baita golada.

Trínculo
A fera é pé-na-jaca.
Tá beuda bagarai.
            entorna mais um gole.

X
Vou mostrar pa suncês a terra toda
ewé, iaguaretê maracujá,
toda a paixão da terra toda e seus saberes.

Estêvão
            falando com seu garrafão.
Alarga a via do estradar,
meu generoso vinho, alarga!
Meus soldados, avante, em marcha!
... Mas não agora. Descansar!
A noite cai, vem ziguezague
de pirilampo-vagalume,
grilo e grileiro no zunzum,

vem o brekekekex das rãs...
e como essa noite já é,
há que se restaurar as forças,
algo exaustas por copiosas...
emoções da jornada nossa;
porém amanhã na alvorada,
revigorados os jarretes,
sem mais demora saltaremos
por sobre o lombo do tirano.
E boa noite, meus senhores.
        ele dorme e dana a roncar.

Se houver pirão, melhor vir a farinha primeiro

na mansão de Próspero

Próspero
Peguei pesado nessa punição,
mas hoje, sim, eu vou te compensar
e dar um terço desta vida que vivi.
Até aqui só quis testar o teu amor,
e nem me venha aqui com teu risinho
se louvo esta filhota; ela supera fácil.

Ferdinando
Eu tô ligado e acredito piamente,
mesmo se a Mãe Dinah te desdisser.

Próspero
Então aceite o dote desta moça,
e não sonhe em quebrar o hímen-cabaço
antes do rito santo e consagrado,
senão vai receber um ódio estéril,

desprezo de olho em azedo e mais discórdia
na cama onde os pombinhos se deitarem.

Ferdinando

Só quero é ser feliz, seguir no miudinho
e voltar pro reinado onde eu nasci.
Não deixo a honra descambar em putaria.

Próspero

Pois então, Ariel! Cadê que não chegaram
deusas e deuses que chamamos pro casório?
Você mandou foi bem no que eu mandei,
agora vá buscar aquela escória,
sobre a qual eu te dei tanto poder.

Ariel

Sinhô, aqui estou, ao teu dispor.
Mas você quer o grupo todo agora?

Próspero

Pensei que viessem presto, pontuais!
E sim, também a tua turma, por sinal!
Aliás, para ontem fica bom?

Ariel

Antes d'ocê dizer "vai" e "vem",
de aspirar e gritar "amém",
por toda parte vem alguém,
trazendo vintém, palafrém,
pois vem quem tem, vem quem não tem,
e também vem quem tem porém.
Suncê me ama, sinhô? Ou nem?...

Próspero
    Ariel, queridagem, fique longe, tá?
    Só volte agora quando eu te chamar.
    Meu desejo é que todos façam bom papel,
    cada qual tenha a parte que lhes cabe, aqui,
    neste entretenimento que eu imaginei
    para a festa da raça de nossas caríssimas
    crias. Sabe o que quero dizer quando eu digo,
    ã, "entretenimento"? Pois direi: desejo
    incutir-lhes, de hoje em diante, o espetáculo,
    este, o do mundo de amanhã: razão, beleza,
    harmonia, de cujos fundamentos, força
    de vontade, lancei as bases. Nessa idade,
    a que me encontro, por desgraça, é bom pensar
    não ter mais que fazer, mas passar para frente,
    melhor dito: alastrar, transmitir... por aí...
    Ah! Que bom. Atenderam. Venham, entrem logo!
          vira-se e fala para Ferdinando.
    Não venha com lorota, nem me solte a rédea.
    A jura forte é palha para o coração,
    então é papo firme, ou dar bye-bye.

Ferdinando
    Eu juro de pé junto, meu senhor,
    que a neve virgem no meu coração
    soterra esse tesão que vem de baixo.

Próspero
    Vai, Ariel, e traz o corolário!
          as deusas & os deuses entram.

Miranda
    Maior das maravilhas! Quantas criaturas
    graciosas existem por aqui.
    São belas, tão humanas, divindades!
    Ó, brilha admirável mundo novo
    que riverão começa. É dádiva que haja
    o que vem lá do céu, do mar e das florestas
    a gente a que se vê sorriso cordial.

Próspero
    Parece que é só novo pra você!
    A festa já começa: *make it new*!

Juno
    Pra vocês eu darei toda riqueza e honor,
    longa vida e também prole longuíssima.
    Assim Juno cantou dons para abençoar.

Ceres
    Ao olhar pro lado não veja nunca
    escassez, ou triste necessidade,
    mas irão pra longe dos jovens: isso
    Ceres deseja.

Íris
            acenando para as Náiades.
    Náiades, venham logo, celebrem puros amores,
    pra confirmar o contrato e firmar um direito de estado.
    Eu conheço bem o filho feroz de Afrodite,
    e ele deseja que a tocha de Hímen se atoche, se atoche.
           as Náiades entram e dançam.

Próspero
    Agradecido imenso, Deusas, muito grato...
    E a você, Íris, meu muitíssimo obrigado.
    Eu ergo as mãos aos céus por suas boas bênçãos.
        seguem a bailar as deusas e os deuses.

Ferdinando
    Mas que visão esplêndida, e tão majestosa!
    Ousaria até crer que são espíritos!

Próspero
    Sim, são! Espíritos que arranquei do retiro
    dos artistas, de sua aposentadoria,
    com minhas artes mágicas para saudar
    e abençoar vocês, caríssimas crianças!

Ferdinando
    Olha, eu quero viver aqui pra sempre!
    Com meu paizinho e mulherzinha: um Paraíso!
        entra Exu.

Miranda
    Mas quem, o quê, é esse que aparece?
    Sei lá, mas não parece, particularmente,
    um ser de bênção! Se eu não fosse tão medrosa,
    a boca nem continha a vontade blasfema
    e falaria logo, bate-pronto,
    ele aparenta ser mais um diabo que um deus.

Exu
    chega gargalhando.
ora ora moça
bonita comigo você
não se engana
deus pelos meus
que me chamam
de amigo diabo
pelos inimigos
sou chamado di-
versão para toda
a empresa selo
de aprovação o rei
da galera o faz
me rir do salário

Próspero
    sussurrando.
Não pode ser. Será que Ariel se enganou?
Algo parece errado, não pode estar certo.
Minha magia está ficando enferrujada?
    começa a falar em voz alta.
O que veio fazer aqui, coisa ruim?
Quem foi que convidou? Olha bem, sem vergonha
eu não gosto nadinha. Nem se forem deuses!

Exu
mas esse é o ponto o mais
que mui preciso ninguém
me convidou e não foi
nada bom de não
acontecer convite ninguém pensou

no pobre Exu então
o pobre Exu ele
eu mesmo veio
vim de todo jeito mesmo
assim *quáquáquá* diga
me dá o que beber me dá
o que fumar
> sem esperar resposta
> ele mesmo se serve.

até que não é ruim
tua manguala nada
mal mas olha nota
eu gostava mais
de cachorra
> olhando para Íris.

eita que vi que a mocinha
tomou surpresa ah a Cereser
mas fica cada cão
que lamba a própria
caceta cada um na sua
vai ter quem pre-
fira galinhas, outros pre-
ferem cabritas eu a pomba
muito de quase nada
pra mim se você tiver
um cachorro preto
noite pense no pobre
Exu

Próspero
    Vai! Vai-te embora, Aluvaiá! Se saia já!
    Aqui ninguém se importa com tuas caretas,

essas palhaçarias, chistes, travessuras
  por trás das máscaras nesta nobre assembleia.
     então faz um passe de mágica.

Exu
   já
   já me vou
   patrão
   de cá já
   já me vou
   patrão daqui
   não vou sem
   antes cantar cançó-
   neta próspera de ho-
   menagem à noiva
   e à nobre companhia
   como você
   diz

   Exu quando se casou
   que grande banquete ele deu.
   Tinha galinha e cabrito, espinha do peixe
   o gato comeu.
   Mano meu, mano meu,
   quem tem olho grande
   não olha mais eu.

   Exu, um pregador de peças, feiticeiro.
   Vinte cães sacrifique a Exu,
   talvez não te emporcalhe com feitiço, um truque.

Exu joga feitiço na Rainha, um truque.
Sua Majestade vira um peru sem cabeça,
levanta alucinada e corre nua pela rua.

Exu joga feitiço na futura esposa,
e eis que, no dia do casório, espanto,
a noiva se equivoca nos panos da cama
de outro homem e, pasma, vê: não é o esposo!

Exu, lança uma pedra hoje
e mata o pássaro de ontem.
Da desordem faz ordem; da ordem, desordem.
Ah! Exu é a melhor piada de mau gosto!
Enugbarijó é a melhor péssima piada!

Exu não é cabeça de transportar nada,
pontiaguda, uma faca só lâmina,
Exu tem a cabeça afiada. Se dança,
dança assim sem mover os ombros.
Ah! Exu gaio, camarada da alegria!

Exu gaio, camarada da alegria,
com seu pau ele soca,
ele soca
ele soca...

Ceres
    Íris, não seria a canção... safada?

Juno
    Que nojeira, que horror! Insuportável som!
    Se ele continuar, quero sair daqui!

Íris
>É o nume de Líber ou então de Priapo!

Juno
>Nem se atreva a dizer essas palavras, não,
>quando estou por aqui, peço-lhe: tenha dó!

Exu
>>continuando a cantiga
>*...com seu pau*
>*ele soca...*

Juno
>Pelo visto ninguém vai expulsar o tal...
>Maionese azedou. Basta, cansei e fui!

Exu
>tudo bem tudo Pambu
>Nzila muito que bem Exu
>Legbá de Eleguá papá
>já vai
>vai dizer
>adeus minhas co-
>madres fofoqueiras
>mas não
>não vou sem
>deixar solta mais
>uma outra
>cantiga

deu meia noite
já deu meia noite
a lua se escondeu

lá na encruzilhada
dando a sua gargalhada
a pombagira apareceu

alarauê alarauê alarauê
ê mojubá ê mojubá ê mojubá

ela é odara
dando sua gargalhada
quem tem fé nessa lebara
é só pedir que ela dá
                parando a cantoria, volta a falar.
agora Exu vai
mas olha que arre-
pio de onça chega
e não chega sozinho.

O show não pode parar

>Miranda, então, saracoteia e bota as mãos
>nas cadeiras soltando uma risada
>estridente. levanta um pedaço da saia
>e Próspero esbugalha os olhos; Ferdinando,
>atônito, derruba o vinho em sua calça;
>Miranda, despachada, começa a falar.

Miranda
    riá rá rá rá rá riá
    a bas'noite xeu moxo
    a bas'noite xá moxa
    mim dá u di bebê
    mim dá u di fumá
    é quieu cheguei agora
    a pombagira qué moiá
    a palavra um cadim xó
>Exu entrega a taça à Pombagira.

Próspero
Mas o que está acontecendo aqui?
Miranda, não são modos que ensinei,
perdeu a compostura, menininha?

Pombagira
moxa dunzela já num xô
faz é tempo xeu moxo
vim dá axerto ao inrulado
um nó a mais nexa fujaca
o rabudo mim chamô
intoncieu vim
> deusas e deuses olham espantados
> a Pombagira balançando a saia

Próspero
Eu te esconjuro, pé de pato, mangalô
três vezes. Sai desse corpo, não te pertence!

Pombagira
tô veno qui u brabado
exe perna de calxa é xabido
da forxa profunda mar num
dianta não xeu moxo
ieu vim dá cabo di mintira
scundida i ninguém xegura
riá rá rá rá rá riá
exa minina meu cavalo
muntado fez guardado
xegredo i num pode dar paxo
di grinalda sem clareja
d'isprito

ieu xô a luz
das istrela marruma das maria,
i dô recado du recato
miranda tem paxado
qu'incrimina a mal
a quiança qui foi i agora
é tratada que nem fera
zambi é maió no xéu
i deixô ieu vim
di apajiguar
vedade é qui miranda é
di colá velcro roxona
i teve cajo cum cria
dexa ilha
num é justa
acujaxão di candenguê
mais xerá revelado im ora
boa u meu tá feito
i num repito nem compilo

Próspero
Diaba loira, seu olho azul não me engana,
quer estragar o plano divino dos deuses
que fizeram encontro dessas almas veras.
Miranda é pura, pura criação de mim.
Não deem ouvidos. Tu, mulher, mãe da mentira,
em nome do bom deus, vai-te daqui, largai
esse corpo, desmonta essa farsa de vez.

Pombagira
u recado si deu
quem quis ovi oviu

    a bom dia bas'tarde bas'noite
    riá rá rá rá rá riá
        e começa a cantarolar
*o que xeria do homem, moxo
xe não foxe uma mulher?*
        passa um corisco amarelo
        no salão, forma difusa.
*Ela, que mata demanda no peito,
que xabe tudo a respeito
de deixar um homem em pé,
e a mulher...*
        mais um convidado entra.
        não se apresenta, e fala
        sem olhar ninguém enquanto
        cruza a sala do festim.

Nhanderu

Ficou escuro, depois que acabou o mundo ficou escuro. Acabou o mundo porque a onça caiu aqui na Terra. Não havia luz, só uma estrela iluminava o mundo. Pa'i Kuara ainda não havia nascido, ainda não havia aparecido aqui na Terra... Pa'i Kuara nasceu! Quando ele ainda era criancinha mamou na base da cruz, mamou xixa, na base da cruz. Então ele foi crescendo e criando o mundo. Ele foi gatinhando por todas as direções para fazer crescer o mundo. Para o mundo ficar o que é hoje. Ele foi aqui, foi para cá, para cá, para lá, foi aqui. Este caminho aqui ele pegou quando foi fazer o branco. Para decidir como seria o branco e como seria o kaiowá, Nhanderu propôs um jogo. Ele colocou lado a lado a cruz vermelha e a cruz branca. Ao lado da cruz vermelha estava Karai Papa, e ao lado da cruz branca estava Jesus. Então, Nhanderu espalhou, no chão, vários objetos: xiripa, tebeta, mborika, ku'akuara, nãvaytury. Ele espalhou também lápis, caneta, papel e a bíblia. Lá do outro lado ele colocou as crianças: um menino e uma menina kaiowá, um menino e uma menina brancos. Nhanderu mandou as crianças pegarem os objetos que elas mais gostavam e trazê-los para Karai Papa e para Jesus. Foi aí que o branco ganhou o jogo! Por isso que o branco é rico e o kaiowá é pobre. Por isso que o branco é estudioso e pode ser doutor. E o kaiowá vai para escola, estuda, estuda e não passa de ano. É que a escola foi feita para o branco.

      Nhanderu para e dá medicina à Pombagira.

Miranda
      então tremelica toda
      e cai pra trás.
Mas o que aconteceu comigo? Estava aqui.
e veio um breu de turvo nos meus olhos...

Próspero
      dá um passo atrás
      e faz um passe de mágica
... ergam a ossada, o tamanduá encantou-se...
      — sinal da cruz e ave maria —
Ai, meu quindim, que bom acordou da diaba...
      tomando a medicina, todo curioso.

Miranda
Meu pai, não sei do que fala o senhor...

Próspero
Não se aperreie, não, descanse: o que troveja
no caminho do trovão, conversam.

Exu
    tudo feito des-
    feito bem
    feito re-
    feito Exu deu
    a hora

    vai, Exu, vai caminhar
    vai, Exu, vai caminhar
    a essa estrada é tão bonita
    nessa noite de luar
    ah, vai, Exu...
            e as deusas saem de fininho,
            e os deuses vão dançando com Exu.

Próspero
    Ufa! Todos já foram. Os dedos e anéis.
    O mal, ninguém duvida, já está feito.
    O que acontece, não sei bem, meu velho cérebro
    nublou-se todo turvo. Caralho! Poder!
    Como eu já disse, garotão, são só espíritos
    sumindo todos no ar, em fino ar,
    tal como a construção sem fundamento
    desta visão, arranha-céus, mansões, museus,
    templos de Salomão, a terra plana inteira,
    sim, toda nossa herança se dissolve,
    que nem a deusarada escafedeu,
    sem deixar rastro das plantations todas.
    Nosso estofado é o mesmo que o dos sonhos,
    e esta vidinha está cercada pelo sono.

Ferdinando
Que doideira, o teu pai parece mei pancado...

Miranda
com ar um tanto alheio.
Eu nunca vi papai assim destemperado.
Acho que a gente só quer paz pro velho...

Próspero
Então, o que é o poder se eu não posso domar
minha preocupação? Simbora! Meu poder
nhá ór gûr um-um está mais frio!
berra
Ariel!
que chega correndo.

Ariel
Chamou? Chamou. Qual o problema, Monsenhor?

Próspero
Caliban vive, instala guerrilha, conspira,
e você, é, você não me diz nada...
Chegou a hora, vamos, cuida a trairagem
dessa coisa malvada... filhos de traíra,
Haea heidia ooo aa heidia iii aa
vamos procurar água. Víboras, ouriços,
escorpiões, todos os bichos com ferrão
e veneno, não me vá poupar nada.
O castigo deve ser exemplar!
Ah! Não vá se esquecer de lama e mosquitada!

Ariel
    Me deixa interceder por Caliban, Sinhô,
    Não vai lhe custar nada dar a indulgência...
    X é rebelde, entenda de uma vez por todas.
    Mas eu vi que estão cozidos de manguaça
    Enquanto ainda toco minha ingoma.

Próspero
    X? Quem é X? Então assim nomeia a fera
    que desafia a ordem mundial inteira
    com essa insubordinação? Talvez
    o que há de mais divino possa permitir
    que escape impune. Mas eu tenho uma noção
    bem clara da minha responsa, e tenho dito.

Ariel
    Muito bem, amo Sinhô, tudo bem.

Próspero
    Me atravessa uma ideia, um pensamento:
    arrume bugingangas, contas de miçanga,
    vuvuzelas e roupas de brechó também;
    mas tem de ser das coloridas, bem brilhosas...
    espalhe ao longo do caminho, ao passo largo
    da tropa amotinada e General
    Caliban, que viajam. Brucutus
    adoram roupas espalhafatosas...

Ariel
    Sinhô...

Próspero
   Você quer mesmo é me deixar com raiva.
   Não há mais nada aqui para entender.
   Tem uma punição pra ser levada a cabo.
   Eu não me comprometo com o mal.
   Agora se adianta! Ou você quer
   ser a próxima vítima de minha ira?

Ariel
   Mas, sinhô...

Próspero
   Vrá má gra hum quê né ur bin uar ni el.

Ariel
   O que disse, sinhô?

Próspero
   Não me venha com essa, entendeu muito bem.
   Agora vai. Não há tempo a perder.
   　　　Ariel vaza.

Ebó

        as deusas para um lado,
        os deuses para o outro,
        cada qual toma o seu caminho.
        pela mata serena vão seguindo
        Exu e Nhanderu. não se conversam.
        a sono solto e ronco forte encontram X.

Exu
        sussurando no ouvido de X.
ei criança voltei não
precisa assustar
que não sou cuca
nem xuca de marinheiro
em alto mar
acorda X acorda
pra cuspir marimbondo
lá vem vindo
a voz que te avisou
mais cedo mais cedo

avisa de novo quem
vem lá no portão

X

                acorda aos saltos e...
Ai caraio, que porra é essa, traz ressaca?
                        vê um preto noite enorme,
Sai pra lá, coisa ruim, me acorda pesadelo.
                            o pau maior ainda,
Isso é coisa de Próspero, só pode ser,
                                um braço inteiro.
veiaco trucador de maldição.
E eu já cansei de ser Diadorim
pagando o memo pau po pau dos outro!

Exu

aqui nem tem carência
de ter medo
não seu inimigo
também é meu
lembro o que fez
à Sycorax gostava
muito dela sua
mãe eu vim te dar
resolução mas garantia
já não há que atrasou

X

Xô, que cê num me engana, mefistão.
E cumé que suncê sabe o nome de mãe?
E cumé que suncê sabe o nome de X?
Opa! que já foi muita encurva na zuela...

Diz logo teu batismo e vou dar nó
de Salomão que vi no livro do veiudo.

Exu

    acalma muxima cafioto
    eu vim te ajudar
    apesar de esquecer de mim
    que fui lá no teu
    batismo e cruzei
    sete selado teu peito
    colibri crescido entre
    a ronda e a cana correndo
    nos beco que nem ratazana
    entre a punga e o afano
    entre a carta e a ficha
    subindo em pedreira
    que nem lagartixa borel
    juramento urubu catacumba
    nas roda de samba no eró
    do canjerê
    eu sou o caminho
    e a encruzilhada
    entrega meus dezesseis
    padês mais dezesseis
    caramborô antes do dia vir
    depois um amalá
    pro dono da pedra
    do raio eu não garanto
    vitória sua
    mas o inimigo não
    vai mais ser Próspero

Nhanderu
    Onça, criança. Dança xondaro.

X

    Eu já não sei se sonho acordado ou se durmo
    o olho aberto no dentro o pesadelo.
    Mas parece muito honesto remédio
    o que suncê remenda recomendação.
    Com quantos dentes pago o teu cavalo?

Exu
    eu sei quem
    é você basta que
    não queime
    o coração do caminho
    não se pede
    cavalo a quem só
    pode o pelo
    vamos nhanderu
    quero encontrar
    o formigueiro
    pra assistir
    o fuzuê.
            então Exu lança um recantamento.
fuzuê fuzuê
cambalacho
pros maus
gargalhou

X

    A paga do trabalho vai ser dada.
        pela mata serena vão saindo
        Exu e Nhanderu. agora se conversam.
        X caminha na picada do mato e
        vai abrindo encruzilhada sem fim.
        em cada cruz um galo com farofa,
        um gole no marafo e outro pro caminho.
        entrega o amalá na pedreira. Obá Caô!
        volta pro acampamento e se prepara.

Arapuca ponta de faca

        dentro da madrugada,
        pisando em capim santo,
        vinha da natureza
        zunzunzum, bicharada
        e espectros da floresta.

A Voz
    Varejeira!

Uma Voz
    Cheguei.

A Voz
    Saúva!

Outra Voz
    Cheguei.

A Voz
    Urubu!

Uma Outra Voz
    Cheguei.

A Voz
    Guaiamum, Colibri, Caranguejo, Calau!

Várias Vozes
    Cheguei. Cheguei. Cheguei. Chegamos.

A Voz
    Cãibra, Crime, Bocada, Saruê!

Voz
    Grá Grá Grá.

A Voz

    Cuandu maior, será o sol pa nós.
    Hirsuto, pata de grifo, caturro.
    Taca-lhe fogo! Lua, minha gorda
    Tarântula; Viúva-Negra, minha grande,
    vai, tá lá o leito de dormir, veluda.

Vozes
          cantando.
Quiguá
Quiguá
Mangangá
Mulundu
Indôquindôqui!
        sobe o sol, a galera de Ariel desaparece.

X
        esfregando os olhos
        se levanta e fuxica o matagal.
Tem de dar volta em pensamento e passo
atrás na encruziada. Xô! Surucucus,
escorpiões, ouriços! Bicharada
carnicenta, mordente, de furo, de pica!
Tem tenazes! Tem febre! Tem peçonha!
Vá de retro! Ou, se quer me dar lambido,
acha com jeito a língua que te dê
gentil, que nem o sapo cururu,
na sua baba de puro babá me embalou
em doces precipícios, não, mió, propícios
sonhos do futuro. Porque é por todos
ocês, por todos nós, que agora tomo briga
com inimigo comum. Comum e herediotário...
Aqui, um porco-espinho! Dengo de ninar...
Esse um bichim, se assim posso dizer,
natural, deu no dia de hoje a emboscada,
quando a hora que viramundo eu vou buscar
de ataque a Próspero... nem dou normalidade
ao anormal de meu parceiro vir trair!
Próspero é a antiNatureza. E eu digo:
abaixo a antiNatureza! Vejam,
com esses ditos, porco-espinho está de ouriço,
fica no pelo, agulha eriçada? Nem fica,
se enfia em si pompom sem pua! E é esta
a Natureza! Em um só termo, cordial!
Basta como saber falar-lhe! Boralá,
a encruziada já tá aberta, vamo livre!
        a patota partiu. X avança
        cantando sua canção de guerra.

Nzazi sabe o manejo do martelo!
Bate e o dinheiro morre!
Bate e a mentira morre!
Ataca e o roubo morre!

Sogbô aê! Xangô obá!

Lumbondo se amotina à tempestade
Se ele for envolvido,
atravessa em seu corpo
um manto fogaréu.
Dos lajedos do céu, os cascos do cavalo
de Aganju atiram os raios.
Airá é um grande cavaleiro.

Sogbô aê! Xangô obá!
dá de ouvir um estrondo pelo mar

Estevão
Ah, só quando acabar o mé,
a gente pode tomar água!

Trínculo
Aberração monstrenga,
dizem que só tem cinco
pessoas nesta ilha.
Aqui nós somos três;
se aqueles outros dois
também tiverem cérebro,
o Estado degringola.

Estêvão
>Ô, fala pra mim, besta brava,
>que barulho vem lá do mato?
>Parece rosnado de bicho
>que bé-berra de encurralada.

X
>Tá encurralada, não, mas de butuca...
>Tá tranquilo, tá favorável, fica
>sossegado que é só meu contatinho.

Estevão
>A mim me parece discreto,
>como descreve o teu perfil
>no status de relacionamento.

X
>O barato é ficar com quem dá o ar,
>vento macio na casa do respiro...
>Por isso, assim me faz ser companhia.
>De vez em quando espirra, e me surpreende
>com uma gota de céu que cai, bem,
>na testa e me refresca com seu sal,
>ou me abençoa de miúda prece.

Estevão
>Não entendi. Você tá beudo?
>Tá com o olhar pregado à cara.
>Mas olha, eu nadei trinta léguas
>nesse tonel e aqui cheguei.
>E juro pela luz, ô besta,

que você vai virar tenente,
quem sabe um dia general!

Trínculo
Mas de modo geral
Não dá nem pra cadete...

X

Fala sério! A encrespada, a ranzinza, a trevosa,
a que come mais lento em seu estômago,
a que desperta de repente no trovão
traz o uivo agitado na fossa do estrondo
de Sogbô e te espanca a fuça, e ainda te joga
fora no cafundó do abisso fundo
com a fúria de sua bofetada histérica,
procela batizada, ê ju-ju! É Calunga!

Estevão
Eita país muito esquisito!
Batismo inda mais esquisito!

X

Mas o que me dá gosto mais lindo de ver
é o vento e a cantoria da curimba dela,
o soluço lascivo que farfalha o mato,
o sussurro sibilo em cada arbusto,
o canto de triunfo quando passa
de arrasto pelas árvores, resquícios
da coça da maré de aluvião
que bota só migaia os lamentos de horror
pelas bordas barbadas de renda da espuma.

Estevão
    Ê que a besta-fera delira
    e segue a palestra no gás...
    Trínculo, demos muito azar,
    fera tonta bateu a biela,
    acho que falta um parafuso,
    ou dois, nessa nossa bestinha...

Trínculo
    Tô meio atarantado...
    Resulta essa desgraça:
    tô que tô esgotado!
    Nunca vi tanta lama
    de pisar no terreiro!
    Diz aí, em selvagem:
    sua aldeia é só lama,
    cururu, limo e lodo?

X
    Se cê chama de lodo, deu engano,
    que é invenção ardilosa de Próspero.

Trínculo
    Manja a selva, selvagem,
    a tal selvageria...
    É sempre alguém que o faz,
    tudo aquilo de feito.
    Se o sol está brilhando,
    e gente é pra brilhar,
    é o sorriso de Próspero.
    Se a chuva está caindo,
    entrou, vai se molhar,

é lágrima de Próspero.
O barro, é minha aposta,
só pode ser a merda
do caga e anda Próspero.
Diz aí: e os mosquitos?
zum zum zum, tá escutando?
Tão me comendo todo,
a perna, o braço, a cara...

X

Aí tá dando mole de achar que é mosquito!
É peido, é traque, é gás fedido que arde
nariz, goela, zói e dá prurido.
É trucaria, feitiço de Próspero,
lá do arsenal que é dele, esse capeta.

Estevão

Dizendo assim, até parece...
Se você fala, tem certeza?

X

Se eu tô dizendo, assim que é, bobão.
É do arsenal antimotim do bode véi.
O veiudo tem uma porrada de coisa
assim do tipo que atrapalha avanço:
treco que surda, cega, espirra e faz chorar...

Trínculo

Também faz deslizar!
Olha aonde meteu
a gente: desventuras
em série, essa campanha.

Eu não aguento mais...
aqui eu sento e espero!

Estevão
Qual é, Trínculo, põe coragem,
nem que seja só um cadinho,
mas que caralho, meu parceiro!
É uma guerra de manobras
e estamos solo em movimento,
o que é preciso você sabe:
dinâmica, iniciativa,
atenção, pró-atividade
enquanto cumprimos etapas
e pintam novos jobs e cases;
é necessário, meu bom homem,
sobretudo mobilidade!
Vamos lá! De pé! Desce a ripa!
Avancemos, inovação!

Trínculo
Cê não tá me entendendo:
desde que te falei,
as bolhas nos meus pés
estouraram e sangram.

Estevão
Eu vou te comer na porrada
se você não levantar já!
  Trínculo se alevanta
   e começa a andar de novo.
Pelo que disse, fera linda,
teu usurpador me parece

armado até os dentes. Certo.
Pode haver perigo no ataque:
melhor não dar sopa pro azar.

X

        fala com o sotaque
        dos parceiros.
Né bão subestimar, menos ainda
o superestimar... ele quer amostrar
poder, e desse jeito impressionar.
Suncê notou que eu sei rimar em ar?
Mas como suncê sabe, todos dorme.
Primeiro pega a livraiada do veiaco,
porque sem isso ele não passa de um panaca,
fica mais mocorongo do que eu.
Então espera a boa hora e prega
com martelo a cabeça do veiaco.
Bate no coco duro dele, forte
de pancada, ou então corta o passarim dele.
Se for de faca, eu adianto, gira ela.
Mas gira bem no bucho do demonho.
Mas antes tomar posse dos seus livro;
ele não sabe dos feitiço sem aquilo.
É bão demais queimar tudim, fazer brasil.
E depois disso, tem a filha dele,
a única cunhatã dessa ilha,
e quase tão bonita quanto Sycorax:
acho que vai dar boa pa suncê
e logo vai te encher de curumim.

Estevão
    Não pega nada. É necessário,
    Trínculo, tomar precauções.
    Vou ensinar um axioma:
    jamais subestime o inimigo,
    não há adversário menor.
    Me passa logo o garrafão.
    A guerra pra mim é marafo.
            há roupas coloridas no varal.
            e as vemos no cenário.

Trínculo
        volta com Estevão
        animadíssimo.
Tá muito certo, Estêvão.
Se há guerra, combatamos.
Chegando ao fim da trilha
da vitória, a pilhagem...
Passar toda a boiada...
Olha esse guarda-roupas,
a primeira conquista,
uma floresta inteira
só dessa porra aí!
Trínculo, meu parceiro,
tenho a clara impressão
de que estas calças cargo
vão lhe cair melhor
da que está com fundilhos
de beiço arreganhado.
Sai o bolso furado,
e agora eu vi vantagem.

Estêvão
>Olha lá, Trínculo, cuidado;
>se mexer nas coisas, te porro!
>Como teu mestre, agora rei,
>pra isso eu tenho qualidade,
>por direito vou exercer
>a escolha primeira das calças.
>Direito do feudo, eu te amo!

Trínculo
>Mas eu vi muito antes!

Estêvão
>O rei tem a escolha primeira.
>E em qualquer província do mundo
>é quem se serve antes. Ponto.

Trínculo
>Tirania é o nome.
>Eis o tirano Estêvão.
>Não vou deixar barato.
>Não vou, não. Nem fodendo!
>>se engalfinham.

X
>Ô bando de mané, larga essa merda!
>Tô que gasto palavra por dignidade,
>que é o que vale a conquista, e tão cês dois aí
>trocando tapa por calça de trapo?
>Vão tomar nos seus cus, bando de pulha!
>Onde é que eu amarrei a minha égua?
>>agora diz de si pra si em pensamento.

Tô amarrado nesses babacas. Fodeu.
Tô de ombro avexado de mim nessa trama,
só sentindo otarice nesse enredo.
Como eu pus crença nesses pança de pudim,
nessas cara queimada de cachaça!
Mas não, assim não vai ficar! A história
não vai jogar na cruz pedra de culpa
de eu não ter conseguido conquistar
liberdade com minha própria força
dos braço do querer, nem que eu vá só sozinho.
        X avança, com arma em punho.
Próspero... é suncê mais eu no mano a mano!
      corre em direção a Próspero
      que dá de aparecer na cena agora
      e bota o peito aberto à mostra.

Próspero
Vem! Mete a faca! Mete a faca, sua merdinha!
Mete a faca bem fundo e gira bem!
Vem logo e mete a faca no teu mestre,
bem no meio do bucho do teu benfeitor!
Eu vi uma onça gemer na mata do arvoredo.
Olelê São João e me valha São Pedro;
De onça eu tenho medo, ô de onça eu tenho medo...
Ah, não! Não acredito que essa bosta
num tremelique vai poupar meu sangue.
Vamos lá! Quero ver disposição!
Cria de fuçadeira, cadê a vontade?
A ousadia acabou? Você não passa
de um aborto mal feito, chiu tiziu...
        levanta seu braço, mas hesita

Nada mais, nada menos, que animal de feira...
Tu não tem competência nem pra me matar.

X

Se defende, diabo. Aqui não tem cobarde.
Eu não vim pa fazer assassinato!

Próspero
          mostrando muita calma.
Você perdeu sua chance. Levou a pior.
Que pena, Caliban, besta servil, idiota.
Arre! Ô juremê, ô juremá,
sua flecha caiu serena, jurema,
dentro desse congá, ô juremá.
Agora chega dessa farsa. Ariel!
Estão aos teus cuidados estes prisioneiros.
          chamando Ariel, que chega.
Xokayĩmãxax, xokayĩmãxax.
          Depois da pausa enfática,
          Próspero canta.

papa legba papa legba
ouvè pot la pou mwen
ouvè pot la pou mwen
wa rele lwa yo

papa legba papa legba
ouvè pot la pou mwen
ouvè pot la pou mwen
n'anfoudwaye
          X, Trínculo e Estêvão
          são feitos prisioneiros.

Negócios de família

        na mansão de Próspero.

Miranda
        e Ferdinando jogam
        uma partida de tapão.
    Você está trapaceando, monsenhor!

Ferdinando
    Disso você entende, não é mesmo, moça?
    E se eu contasse que nem por vinte castelos
    eu não faria isso consigo, senhora?

Miranda
    Eu não levava a sério nenhuma palavra,
    então não acreditaria, eu até dava
    de perdoar você... mas seja franco,
    diga logo, trapaceou, não foi?

Ferdinando
>rindo.

Fico feliz que tenha percebido.
Muito cá entre nós, estou aliviado,
bem menos preocupado com o fato
de você, logo saia do seu reino puro
floral das inocentes flores namastê,
partir para o meu reino menos inocente,
porque é um *man's man's world*, ô prenda minha.

Miranda

Ah, você bem que sabe, seguirei
firme, agarrada em tua estrela, Monsenhor...
Eu, que conheço o inferno de ficar,
fadada à Rapunzel sem torre, e sem falar
tão liberada, agora eu faço as unhas
rentes e vou ao outro lado conhecer
os novos verdes campos do capim mijado.
Nenhum demônio pode me deter,
nem homem há na terra que possa fazê-lo.
> Miranda para um
> momento e pensa.

Só a racha que amei me pararia,
espero me perdoe em outra vida.
Confesso que acho fofo o seu alívio.
> retoma, então,
> o fio da conversa.

Me lembrarei quando estivermos no navio.
As árias do futuro, as fadas cantarão,
eu não preciso mais das máscaras, menino.
Invento o cais e sei a vez de me lançar.

> Miranda e Ferdinando vão ficar
> até se esfumaçarem pelas cenas.
> não ficam de mãos dadas, mas se veem
> em partida à distância de tapão.
> entram os nobres.

Alonso
> Meu filhote! Este casório!
> Emudeci de surpresa!
> De surpresa e de alegria!

Gonçalves
> É feliz a conclusão
> para um mui feliz naufrágio!

Alonso
> Um naufrágio singular,
> decerto, já que podemos
> dizer, legitimamente,
> que afundou feliz a nau!

Gonçalves
> Olhe bem os dois pombinhos!
> Nunca vi cena mais linda!
> Se eu não chorasse por dentro,
> tomava logo a palavra
> e falava peito afora,
> um dizer sucintamente
> para estas duas crianças,
> toda alegria que sente
> este velho coração
> ao ver ambas em cirandas

neste amor mais que perfeito,
que se nutre mutuamente
no sentir das coisas belas.

Alonso

> fala para Miranda & Ferdinando.

Deem-me suas mãos, meus filhos!
Que o senhor vos abençoe.

Gonçalves
Divino louvado venha
dar a bênção, assim seja,
em nome do pai, do filho,
do espírito santo, amém.

Dar azo à fada

Próspero
        entra em cena novamente.
O meu projeto agora chega ao zênite,
feitiço não se abala, espíritos me acatam
e o tempo segue o toque do correio...

Ariel
Na sexta hora ocê falou que acabaria.

Próspero
E falei mesmo, ao acender a tempestade.
Na mente já desfaço tudo, os elfos, náiades.
Para quem sabe eu abjurar magia bruta
e quando eu procurar a música celeste,
coisa que estou fazendo agora mesmo,
pra ter efeito sobre o senso deles,
pra isso serve meu encanto aéreo,
então eu vou quebrar o meu cajado
e depois enterrá-lo em cova funda.

E no abismo insondável mais profundo
agora afogarei meu livro. Ária solene!
> volta-se aos outros.
>
> soa a marcha imperial.

Ariel
> canta.

Sorve a abelha e sorvo eu:
entre prímulas ao léu,
se a coruja entristeceu.
Na garupa dum morcego
vou voando, e não renego,
num calor ainda chego.
A sorrir, a sorrir eu vivo e amo,
sob um botão de flor que sai do ramo.

Próspero

Obrigado, senhores, por participarem
desta pequena festa de família.
Sua presença nos trouxe conforto e alegria.
Nossas mães com cachaça brava dentro delas.
Porém creio que devam pensar em descanso,
ao menos por agora. Amanhã de manhã
vocês encontrarão seus navios em ordem
— estão intactos — bem como os seus homens
estão seguros, sãos e salvos, hospedados.
Voltarei com vocês para Europa, é promessa
que lhes faço (melhor, que faço a nós):
as velas serão rápidas e os ventos
soprarão a favor na travessia.

Gonçalves
    Viva Deus! Glória aleluia.
    Senhor, estamos em júbilo,
    encantados, satisfeitos.
    Grande dia! Memorável!
    Apenas nessa viagem,
    Antônio encontra um irmão,
    o seu irmão um ducado,
    a filha deste um (não
    do ducado, mas do irmão)
    encontra, enfim, um marido.
    Alonso se reencontra
    com seu filho e ganha filha...
    O que mais sei eu dizer?
    Só, com igual emoção,
    nas digressões me perdi
    dentro desta palestrinha...

Próspero
    A prova disso, meu honorável Gonçalves,
    é que falou, falou, falou, mas esqueceu
    de alguém muito importante nessa cena:
            vira-se em direção à Ariel.
    Ariel, serviçal fiel.
    Onça grande subiu, dizendo sua vergonha!
    Sim, Ariel, no dia de hoje terá
    a liberdade anunciada! Vá, bichana!
    Eu só queria que saísse desse bode!

Ariel
>Tô de saco cheio!
>Temo que as jornadas se me pareçam curtas,
>bem como são curtas as turnês e os dias
>Ali, onde embaúbas enluvam a impaciência
>de suas mãos com prata
>Ali, onde samambaias choronas gritam verdes
>e o toco preto empacado teima as escaras de seu corpo
>Ali, onde a embriagante baga amadurece
>escala e pousa o pombo-torcaz
>pela garganta do pássaro-lira
>deixo cair
>uma a uma
>quatro notas das mais doces
>cuja última a mais deliciosa
>arderá
>o coração banzo desterrado
>dos escravos esquecidos.
>Nostalgia da Liberdade!

Próspero
>Xawe keyunamea, keneismaki.
>Não me diga que irá incendiar
>o mundaréu com sua música!

Ariel
>>feito bebum.
>estive no lajedo da savana
>pedregosa, de poleiro sobre o talo
>da agave calmo tordo-músico
>que atira no sem-terra
>seu grito de zombaria:

"Martela, crioulo! Martela, crioulo!"
e a agave clara se aligeira
endereçada ao cume céu e eu
voo como bandeira hierática
que a brisa do brasil beija e balança
e no balaço das horas ave
pródiga a chamar suas irmãs
não pra soprar a ventanau
mas pra fazer sorrir desmascarada
a que abre as asas sobre nós.

Dendê na batina do padre

Próspero
 Olha só, isso eu chamo programa de índio!
 Ê natutchia yiwükütipü.
 Bora em fila, ô cambada. Antes que eu me arrependa!
    entram Estêvão, Trínculo, X.

Gonçalves
 Senhor, seu povo aqui está!

Próspero
 Ah, não! Nem todos. Cumpram os seus papéis.

Alonso
 Olha só, pois ora pois
 se não é o canalha Trínculo
 e o inefável Estêvão.

Estêvão
>Somo nós mesmos, meu senhor!
>Nós nos jogamos aos seus pés
>dotados de misericórdia.

Alonso
>Por onde vocês andaram?

Estêvão
>Nós estávamos caminhando
>no bosque, não, na selva, não,
>na floresta, não, no cerrado,
>quando vimos roupas incríveis
>dependuradas nos varais
>balançando na ventania.
>Os donos não deram as caras,
>então pensamos que colher
>era a coisa certa a ser feita,
>afinal, podia dar chuva...
>Tiramos das cordas e, daí,
>em momento mais oportuno
>devolveríamos ao dono
>legítimo, trapo por trapo,
>quando então nos aconteceu
>cair nessa aventura atroz...
>É tudo a ser dito, senhor.

Trínculo
>Sim, fomos confundidos
>com ladrões de galinhas
>e deram tratamento
>de fera meliante.

Estêvão
>Sim, nem há coisa mais terrível,
>de um horror, monsenhor, não há
>nesse modo de acontecido
>às pessoas de bem, honestas:
>a depender do STF
>com tantos erros de juízo!

Próspero
>Que bom, que dia puro de bondade!
>Tudo ainda em suspenso, e ainda silente.
>Tudo sereno, ah, ainda em sossego.
>Tudo em silêncio. Vazio também
>o ventre do céu. E pra vocês
>Raciocinar não faz nenhum sentido mais...
>Vazem, chispem, seus beudos, vão catar cauim.
>Amanhã é que a gente se aparelha!

Tríntulo
>Opa! Aí sim, partiu!
>Hora de aparelhar.
>É só o que sabemos
>fazer bem, Monsenhor,
>correr, zarpar, fugir...
>Peritos: eu & Estêvão.
>Botar velas ao vento,
>seja manhã ou noite,
>do sol até a lua,
>hora de aparelhar.
>Mas o difícil, mesmo,
>é saber atracar.

Próspero
>Quem dera, rastaqueras, um só dia
>no nhenhenhém dessa navegação terrestre,
>vocês encontrem temperança e sobriedade!

Alonso
>aponta X.
>Capeta assim nunca vi,
>que diabo é isso, irmão?

Próspero
>Também é xapiri mais cramunhão.

Gonçalves
>Será que ouvi bem, ouvi?
>Com Deus me defendo e guardo,
>Larga o corpo, Capiroto,
>Belzebu do mal armado!
>Deixa eu entender as coisas:
>Você o ralhou por Cristo,
>nosso senhor... deu lições...
>rogou, pediu, mesmo assim
>você diz que continua
>capetagem irredutível?

Próspero
>É tal e qual tu diz, meu curumim.

Gonçalves
Pois bem (se sou conselheiro,
com sua vênia, aconselho)
acho bom crer nesta vasta
experiência, só nos resta
o exorcismo dessa besta...
"Em nome de Jesus, ralho:
Baixa o sermão do divino...
Antigo esprito do mal,
leva esta forma caduca
pro colo do pai eterno.
Declaro em nome do Pai,
do Filho e do Esprito Santo".
Não parece tão difícil.
         X morre de rir.

Gonçalves
Boto fé, que estava certo...
Inda mais que acreditava...
Não é apenas rebelde.
O couro anda bem curtido,
a carapaça é bem dura.
         fala agora para X.
Amizade, eu sinto é pena!
Tentei te salvar, cansei.
Resta abandonar ao braço
secular! Tenham piedade.

Última lição gramática:
quem com língua fere, fera sucumbe

Próspero
    Se achegue, Caliban. Pra defesa, tem quê?
    O meu humor é bom, abuse, abuse!
    Vari Waka wera we reto iniai!
    Eu vou nessa névoa de nuvem-rio
    e acho que estou em veia perdoeira!

X
    de mim não tem defesa certa
    e nem quero me defender
    não vejo nem motivo
    mas se é pra falar eu falo então
    que carrego o arrependimento
    de ter falhado um bom fracasso
    isso sim
    mas sei que falharei melhor

Próspero
    E esse corpo-carcaça esperava é o quê?

X

    chutar teu rabo sujo
    da minha ilha
    reconquistar a que me foi
    sequestrada : liberdade

Próspero
    E vai fazer o quê aqui sozinho,
    sem abraçar teu próprio txikãndji,
    nesta ilha de deuses canibais
    alvoroçada pela tempestade?

X

    primeiro eu me livrava de suncê
    depois bicava o cu pa riba
    e dava um cuspo em seu jeitinho de existir
    suncê as bomba os truque as armadilha...
    cada fuxico besta que cê fez...
    eu vou te vomitar inteiro
    tua toxina de peró.

Próspero
    Em pura negativa esse projeto, não?

X

    suncê nem vai tá lá
    largou da existência já te disse
    suncê vai ser só meu vomito
    pa mim parece muito positivo

Próspero
    Virou-se o mundo inteiro pelo avesso
    nessa antropologia de revés:
    Que dialética mais calibânica!
    Mas Caliban, te gosto muito mesmo.
    Te oferto paz, cafofo e cafuné.
    Dez ano em vida junta, em labuta dez ano!
    Dez é que conta! Samo já compatriota!

X
    é pela paz que não quero seguir
    admitindo não me interessa paz não
    suncê já sabe mas teima de insistir nisso
    eu nasci livre e livre eu vou ser livre
    vê se me ouve livre eu vou ser livre
            Exu, no formigueiro, Nhanderu, no cimo,
            observam a contenda e comentam.

Exu
    agora fica
    é bom

Nhanderu
    ninguém coloque dúvida.
            a cena continua.

Próspero
    E se até vós subir o movimento das águas,
    querereis um com o outro vos banhar?

X
    e se até vós subir
    o movimento da morte
    querereis um com
    o outro vos banhar?
    nem vem que aqui
    remendo é milhor que soneto.

Próspero
    Capricha, coisa linda, que é difícil
    você me convencer que sou o Estado.

X
    e de uma vez
    por todas vou dizer
    mais uma vez você
    tem que entender
    Próspero
    ano com ano acabrunhei
    cabeça baixando muxoxo
    curvado ano com ano aceitei
    tudo que vinha e nem mexia
    insulto ingratidão tudo pior
    a pira acusativa que me dava
    a surra periódica na tabela
    e o que mais de degradante
    lá que vinha era sua condescendência
    esse jeitinho maroto de ser sinhô-sinhá
    de dar milho em papo de galinha
    mas isso acaba agora dou cabo e fim
    tá terminado cê me ouve? tá terminado
    eu não vou mais te engolir ô vomitado

suncê inda me parece de força mais bruta
de braço mais forte na feitiçaria
mas sua força não me treme mais não
nem dou importância nem pros focinho
dos teus cachorro de danada danação
que nem não são cachorro que é bicho bom
mas seus meganha poliçada sua armação
de artilharia seus badulaques balangandãs
e sabe mais que não me importo? quer saber?
é que sei que vou te pegar e pregar empalado
na estaca que suncê memo afiou
suncê memo vai se empalar rabo arriba até à boca
Próspero é suncê um grande ilusionista
truqueiro das mentiras que te conhecem
elas que te dão de saber
e suncê mentiu foi demais pra mim
mentiu sobre o mundo
mentiu sobre mim
mentiu tanto que me deu imagem falsa
quando eu olhava no espelho d'água
nem me via mais mais via inteira
no debrum caricatura que me fez
um subcomum subdesenvolvido subcapaz
capataz inútil fruto de captura colhida antes da vez
assim suncê fez eu me ver e como
odeio o que assisto na escrotidão dessa imagem
mas cê tá errado filho de fuçadeira com miliciano
eu conheço ocê seu cancro véio e sei bem quem sou eu
não dá mais pra caliban eu sou X e dou meu sexo à mostra
na tua cara eu sei que meu punho nu um dia
meu único punho nu e do tamanho de um útero
será o bastante pra esmagar seu mundo a feira

do velho mundo mercado de pulga
e diz pra mim se não vai ser assim né verdade?
olha aqui dentro de mim você se fodeu
mas eu também sei ser do bom de dar benevolência
suncê tem uma chance de acabar com isso
é só ralar peito seguir viagem vazar daqui
volta pra zooropa disso nem me importo
mas muxima diz que suncê nem vai
e daí gargalho da sua "missão" da sua "vocação"
me mijo todo no *to pee* da risaiada que sei memo
tua vocação pra me irritar seu biscateiro
e é só por isso que suncê vai ficar nessa ilha
como a putaiada que fez colônia e não consegue
mais viver em outra terra
suncê é um velho viciado é isso que é um viciado

Próspero
Ai Caliban! Os mortos que sobem ao céu
por degraus sobem ao céu, por velhos degraus
já gastos. Todos os mortos que sobem ao céu
pelos degraus já gastos, gastos ao contrário,
gastos por dentro, sobem ao céu. Você sabe:
que só caminha rumo à perdição,
que é suicídio sem terra sem mal.
Que eu sou mais forte, cada vez mais forte
e vou cantar chorar teu mechinut.

X
e eu vou é continuar a minha fúria

Próspero
>Tome tino! Quais são as bocas tristes
>Por onde as canas se lamentam? Fala!

X

>são buracos da flauta e não é tua

Próspero
>A paciência tem limite: é gota d'água!

X

>>mandando a zuela.
>*xangô da pisada mais bruta*
>*passeia caminhando com força no céu!*
>*nzazi agitador do fogo*
>*cada passo que dá abala o céu,*
>*abala a terra.*
>*sogbô aê airá ôlá*

Próspero
>Ayu porã rapyta, mborai, mborayu.
>Mas eu erradiquei o carvalho e aterrei o mar.
>Eu abalei a montanha e retumbando
>meu peito contra toda sorte adversa
>eu respondi a Zeus, raio por raio.
>Fiz da floresta uma savana seca
>e destes povos fiz o gozo do carvão.
>E mais! Da bruta monstruosidade eu fiz o humano
>Mas ah!
>Só ter falhado em encontrar vereda
>ao peito humano, se é que isso é humano...
>>vira-se e fala para X.

Também sou fúria com você, contra você,
pois foi você foi quem pela
primeira vez me fez hesitar de
mim.
         torna a falar aos senhores
Cunhados meus, se acheguem. Dou adeus.
Partir não vou. Aqui é o meu destino.
Não fugirei jamais daquela raia.

Antônio
    O quê foi, Monsenhor? Não sei se eu entendi direito...

Próspero
    Criou-se uma palmeira eterna,
no futuro centro da terra;
no Caraí se fez outra palmeira;
fez-se também uma palmeira eterna,
lá na morada de Tupã;
e na origem dos ventos bons,
uma palmeira eterna se criou;
na origem deste espaço-tempo,
uma palmeira eterna se criou.
Essas cinco palmeiras dão
à morada terrena vida.
Entendam bem.
Não sou, num senso assim banal,
o mestre que ferida fera crê de mim.
Sou maestro da vasta devastação:
esta ilha,
suscito vozes como quero,
que se encadeiam segundo meu desejo.
Eu organizando toda esta babel

numa só linha inteligível.
Sem mim, a submeter, qual seria
a música possível?
Sem mim, a ilha resta muda.
Aqui então, o meu dever.
Diga ao povo que fico.

Gonçalves
Siga a jornada até o fim,
dias de férteis milagres!

Próspero
Nem tem motivo pra paúra. Antônio!
Você fica com a guarda dos meus bens
e assim será o meu procurador,
té que Miranda e Ferdinando possam
tomar plenos poderes do que é meu.
Aí vai cumular os dois com o reino em Nápoles.
Alu ne a dane si labïi sade
Kina wãri, kina wãriwãri
E o que fazer se a gente abraça o outro?
Ê, perna fina, perna fina, o que fazer?
Nada de diferonça no que lhes concerne:
que as bodas regiamente sejam celebradas.
Gonçalves, ó meu raro ser fiel,
daqui eu mais confio em tua fé:
designo agora que na cerimônia
você será o pai dessa princesa!

Gonçalves
Monsenhor, conte comigo!

Próspero
    Ê Hé... Aar-rrâ... Aaâh... Cê me arrhoôu...
        vazam todos.
E agora, Caliban, cai dentro: é só nós dois!
Lasco o resumo da conversa:
Dez vez, ou cem vez, tentei foi te salvar
Do roaratorium de tu memo.
Mas tu só reiva respondeu
peçonha de veneno igual que nem
um yãmĩyi-gambá que pra mió
morder a mão que a retirou das treva
sobe corda do seu próprio rabo
           remuaci rêiucàanacê araaã
cunhãmonami colomim ui ui
    eêê ô vô foçá mo sê
            no rasgabucho só docê dança
  de violança
vô dá de iko tema violança
    e êêê òmìnira
nnhorrr
    inkululeko
        uh uh
           Uhuru
        (o tempo passa, e isso se simboliza,
        na cortina descendo até a metade
        e começa a subir mais uma vez.
        Próspero, à meia-luz, parece mais velho,
        e mais cansado agora se contorce
        a meio termo entre cardíaco e jaguar.
        seu gesto é tão maquínico, automático
        e espásmico, a linguagem só-vertigem.)

Próspero
    doido
        dodói
           doido

              dodôs ao léu
que depôs dum tembo
   kitembo
tempo   ypyrungaua
a gambazada vem
   nos come tudo
de todo lado é
   caititu
cateto brabo
suja natura prum yove vana ikiya
êêê gambazada a toda o zói
e na face da fuça
fula um riso-só
          rasgando
júri jurei
que jângal vai silvá na gruta
i pago a paga du pago a juro
ma mi difendo a obra adificá
          começa a gritar
está desabrochando a flor da guerra
na minha mão está a flor do escudo
as flores me deleitam me deleitam
a flor do jaguar
a tenra flor da águia
ohuaya ohuaya
botarei estas histéricas tradições em ordem
pela harmonia universal dos infernos

                        jauára   ichê
aprenderão
        eu hei de
                    de
        fender a ci
        vilização
pobrema é deles só
                            atira
                    e ruge pra tudo
                                quanto é lado
                    ô tem descansura intera
 iufri é dicumê
doido
            dodói
                    doido
dodôs ao léu
                fafri intorno tu
            será que fogo fa
calibanarcaique *let there be two*
só tu e eu êêê só tu ieu
tueu tuer eutu
qui diaxexu mifás ubrucutu?
                aos berros

caliban
                e êêê òmìnira
nnhorrr
                        inkululeko
            iko tema
                uh uh
        ypyrungaua
                        X

murmurando
       uhuru
urrando

(lá de tão longe, em meio ao som das ondas,
do chilrear dos pássaros, se vê
fada em corisco rasante, e além
se ouvem os destroços da canção de X.)

LIBERDADE, LIBERDADE
ABRE AS ASAS SOBRE NÓS

Admirável, Mundo

        levanta-se a cortina inteiramente,
        e aparece Miranda solitária;
        ela está sobre o deque do navio,
        na mão direita a máscara de Próspero,
        mas ela encara ao longe nuvens cinzas.

Miranda
  No maquinário desta cena em vida,
  nosso amado Cesário e Xispirito
  deixaram vidas planas, meras alavancas
  pros saltos de poder e antipoder
  que os homens contrapõem nos seus joguinhos.
  Ninguém me perguntou o que eu queria
  e assim não respondi também, o que eu queria
  era rasgar nos olhos os coriscos da tormenta,
  ou ser a pomba-gira do absoluto...
        encara a máscara
        de Próspero.

Ele é jaguar agora, ou só insânia,
perdeu feitiço e força, ficou frágil,
e está pedindo vênia pra vocês
eu já não sei, nem quero mais saber...
   e enquanto fala,
   o vento aumenta.
Daqui vejo Ariel e X sonharem uma terra
onde eu também sonhei estar. Amando.
Irmãs num mesmo ímã, mesmo amor:
no meu peito o país que acende a tempestade.
   retorna à
   realidade.
O barco está vazio, sempre esteve,
e neste instante eu sou dona do leme,
aponto contra a dobra: o tempo cobra
sua cota, enquanto eu curto e aceito a paga.
   olha a plateia.
Não peço preces e indulgências de vocês,
não quero mais apoio, nem perdão.
Meu deleite e delírio: este dilúvio vem.
Vou beber uma, a outra tempestade.

Barra Mansa / Curitiba,
ano I da peste,
23.09.2020 — 14.10.2020,
duas quartas-feiras,
dia de Xangô e Iansã,
para consolidar
a Tempestade-Exu.

POSFÁCIO

OUTRAS VIRÃO
Helena Martins

> *Sejamos poliexistentes. Transrítmicos.*
> Roberto Correa dos Santos

O que conta para nós como uma tradução? E o que conta para nós como nós? Quem varou as surpresas, humores, sobressaltos e encantos das páginas precedentes pode ter despertado, abraçadas, essas duas perguntas.

Entre 1610 e 1611, acredita-se, Shakespeare inventou *A Tempestade*.[3] O tempo em que a inventou, lembremos, vinha recém-saído dos eixos, tempo desconjuntado e de todo propenso ao proliferar de inquietações sobre o que, num coletivo, conta como *nós*. Entre tantas outras coisas sabidas e repisadas, esta peça específica de Shakespeare, respirando "Os canibais" de Montaigne, em vez de remeter exclusivamente, como de costume, a formas de vida e acontecimentos históricos do velho mundo, encena o admirável — e bravo?

---

3. Para referências em português ao original de Shakespeare, quando não remetidas explicitamente a Capilé e Flores, utilizo a seguinte edição: *A Tempestade*. Tradução de Geraldo Carneiro. Edição bilíngue. Rio de Janeiro: Relume Dumará, 1991. No corpo deste texto, utilizarei as seguintes abreviações, seguidas dos números de página: AT (*A Tempestade*, na tradução de Geraldo Carneiro) e UT (*Une Tempête*, de Césaire).

— mundo novo. *Que* mundo seria novo, admirável e bravo, e *para quem*, é algo que depende inteiramente, é claro, do ponto de vista; Miranda, Próspero e Caliban que o digam.

Seja como for, se, em sua vida na Europa, o pronome "nós" amolece um tanto nas mãos de um Copérnico, de um Montaigne ou de um Shakespeare, sabemos que, por outro lado, impõe-se sólido e monolítico, mundo e séculos afora, quase desimpedido em sua fúria branca, masculina, escravocrata, genocida. Em 1968, Aimé Césaire reage criadoramente à atroz naturalidade dessa fúria, ali onde ela, insidiosa, comparece no próprio Shakespeare: dá ao mundo *Une Tempête*, peça que assim subintitula: "a partir de *A Tempestade* de Shakespeare/ Adaptação para um teatro negro".[4]

Com esse gesto, Césaire já enseja o abraço que Capilé e Flores tornam aqui, penso eu, ainda mais estreito — o abraço entre práticas limítrofes de um povo (de uma era?) e práticas limítrofes de tradução. Ou, em outras palavras, o laço entre a experimentação tradutória e a experimentação ontológica. Pode-se dizer que, às suas maneiras, esses três poetas-tradutores dão pervivência à clássica tarefa benjaminiana do tradutor: deslocar uma língua — uma forma de vida, um mundo — do estado fortuito em que se encontra, por meio de uma deliberada, radical e mesmo temerária abertura aos abalos do que vem de fora. (E isso mesmo se o que vem de fora vem também, paradoxalmente, de dentro: de uma língua, de um povo, de uma era). Os gestos de suas *Tempestades* guardam enfim alguma semelhança com

---

4. A peça foi publicada pela primeira vez em *Présence Africaine*, 67 (1968). A edição aqui utilizada: *Une Tempête : Théâtre d'après "La Tempête" de Shakespeare : Adaptation pour un théâtre nègre*. Paris: Seuil, 1969. São minhas todas as traduções sem outra indicação.

o gesto (depois de Benjamin) exemplar de Hölderlin na direção daquela Grécia remota de Sófocles e de Píndaro. Hölderlin, Césaire, Capilé e Flores se deixam perceber como tradutores *experimentais*: diante de "originais" que, de si, já experimentam e rasgam os limites da vida coletiva de onde brotam, testam também as bordas do que poderia contar como (sua) tradução.

É verdade que, no caso de Césaire, comparece já no subtítulo um rótulo prudente, com jeito de salvo-conduto: *adaptação*. E sabemos que a peça é, de fato, comumente recebida como uma *reescrita* crítica, pós-colonial, do clássico de Shakespeare. Mas, para entrever na *Tempête* de Césaire o gesto de um tradutor experimental — à sombra do gesto mais ostensivo de um "adaptador" —, nem é preciso evocar a hoje tão celebrada reciprocidade entre *tradução* e *reescrita*, nem é preciso recitar aquele dialeto (por enquanto restrito a certos círculos intelectuais) segundo o qual toda tradução é já reescrita crítica, todo original é já tradução e reescrita etc. etc. Podemos reconhecer experimentação mesmo quando nos atemos a compreensões mais banais de tradução e de tradutor.

Pois, a despeito de todas as suas gritantes alterações e subversões, o texto do poeta martinicano traz, em muitos momentos, o que o senso-comum reconheceria como uma escrita bastante "rente" ao original de Shakespeare. Para além do que obviamente se conserva no arco narrativo, *Une Tempête* está, com efeito, atravessada de passagens que Césaire "importou", intactas ou com modificações ligeiras, de uma consagrada e insuspeita tradução francesa de *The Tempest*, a saber, aquela de François Victor-Hugo, publicada no século XIX.⁵ O jogo entre distanciamento e proximidade em relação ao que se toma como a *letra* de Shakespeare faz talvez, então, insinuar-se a questão das práticas limítrofes e experimentais de que falo aqui: seria *Une Tempête* (ainda) uma tradução?

O traço experimental depende, naturalmente, do que pode haver de impacificável nessa questão: reconhecer o traço depende de um interesse pela recalcitrância da pergunta, sem ânsia de superá-la. Apostando na fertilidade de pensar o escrito de Césaire como um experimento limítrofe de tradução — e sublinhe-se que *pensar como* não se confunde com *classificar como* –, a pergunta que me anima neste pequeno posfácio é: como Capilé e Flores experimentam (a partir de, com, contra) os experimentos de Césaire e de Shakespeare?

Depois de ler e reler *Uma A Outra Tempestade*, não creio que tenha aqui o espaço ou os recursos para responder a essa pergunta de um jeito que faça justiça ao tumulto auspicioso, admirado e muito incisivo que a provoca. Vão aqui algumas notas nessa direção; escrevo-as tentando não escutar o barulho do tanto que deixo de fora.

Começo com a imagem que alinhava mais obviamente os três escritos, a imagem-título: água violenta caindo do céu. A tempestade perturba contornos, desarranja linhas de divisão — entre céu e mar, rio e ribeira, encosta e caminho. Esculpe formas na água; desfaz formas na terra. A tempestade cai com furiosa democracia

---

5. Refiro-me à primeira versão, de 1859. Ver sobre isso artigo recente de Giuseppe Sofo: "Citation, réécriture et traduction : *Une tempête* d'Aimé Césaire et les traductions françaises de Shakespeare" (*Southern World Arts News*, 2018, p. 1-8, disponível em: https://bit.ly/3vOu4V2, acesso em 03/01/2022).

sobre os diferentes. Ao amolecer o chão, também desenterra coisas que estiveram sempre ali e nem sabíamos. E: pode regenerar a terra que destrói.

Talvez haja algum proveito em pensar um experimento de tradução como uma espécie de tempestade. Ao cair feito temporal sobre Shakespeare, Césaire perturba, é certo, a divisão habituada dos tempo-espaços. Bem longe de caber em descrições pacíficas do tipo "o antigo drama transposto aos dias de hoje", sua *Tempête* faz conviverem num presente espesso e favoravelmente contraditório palavras de Shakespeare, de Baudelaire e de Exu; a canção popular francesa e o canto-invocação de Xangô, tão ancestral quanto recém-inventado; as cavernas e os guetos; as espadas e os equipamentos dos modernos esquadrões antimotim; o grito de Próspero e o de Malcolm X; e assim por diante. Ainda, sob o aguaceiro cesairiano, nacos inteiros do texto de Shakespeare desaparecem, outros flutuam, trocando de posição, e outros ainda se acrescentam como novidade, como que desenterrados.

Caliban e Ariel são, sabemos, a principal novidade que Césaire faz emergir, para tomar de assalto a paisagem da peça — uma novidade desde sempre lá, ainda que ignorada por quem, naquela cegueira orgulhosa que hoje conhecemos tão penosamente bem, desloca-se pela terra "com passos de conquistador (...) confiando que a terra está morta" (UT 25-26). Move-se, no entanto, o chão supostamente inerte a ser pisado, pisoteado.

Já na lista de personagens: onde em Shakespeare temos para Caliban e Ariel, respectivamente, os apostos "um escravo selvagem e deformado" e "um espírito etéreo" (AT 17), Césaire oferece "precisões suplementares": qualifica Caliban como "escravo negro" e Ariel como "escravo, etnicamente mulato" (UT 10) — nem selvageria nem deformidade para Caliban; nada de descoloridamente etéreo em Ariel. São negros, estão escravos, são protagonistas. Entre os acréscimos mais contundentes de *Une Tempête* em relação ao original de Shakespeare, podemos citar toda uma nova cena em que Ariel e Caliban debatem, discordando, sobre o lugar da violência na luta pela liberdade usurpada por Próspero (UT 35-39). E também uma outra passagem em que Caliban, reagindo com muito mais furor às cobranças de gratidão que desde Shakespeare lhe são dirigidas por Próspero, acaba por renegar o nome *Caliban*, exigindo ser chamado de "X" — o "homem sem nome" ou "mais exatamente, o homem que teve seu nome *roubado*" (UT 28). São estes apenas dois exemplos a mostrar que Césaire traduz Shakespeare do inglês para o francês, sim, mas sobretudo deseja, via tradução, fazer irromper no branco idioma europeu uma língua/vida negra. Eis o que se arvora. Capilé e Flores, penso, querem mais disso — além de querer também outras coisas.

"Falo falaz língua de escravidão" — já estamos agora com eles, na tempestade que conjuram a partir de Shakespeare e de Césaire; dali pinço este verso.[6] É um verso que comparece no primeiro movimento da peça, intitulado "Sycorax" — quem já leu terá notado que Capilé e Flores não adotam a divisão padrão por atos e cenas; o

---

6. Diante do decidido trânsito de Césaire para a prosa, os poetas brasileiros dão meia-volta, retornam ao verso (e a Shakespeare). Sobre os modos e efeitos singulares desse retorno eu nada poderia dizer a mais ou mais exatamente do que o já dito por Paulo Henriques Britto no magistral prefácio deste volume. O verso citado comparece, repetido, nas páginas 21 e 22 deste volume (doravante, indicarei no corpo do texto apenas com números de página entre parênteses as referências a passagens de *Uma A Outra Tempestade*).

que há são títulos, como que de episódios. Que o primeiro episódio se intitule "Sycorax" e traga, em oito belas (!) e inéditas estrofes, a voz da bruxa-mãe morta de Caliban é algo que já dá algum sinal da radicalidade do experimento que inventam no encontro (encontrão) com os materiais de Césaire e de Shakespeare. Se Sycorax já tinha recebido de Césaire melhor atenção do que aquela, quase inexistente, que Shakespeare lhe dispensara, aqui a coisa vai bem mais além.

Renovando de modo inventivo o conhecido recurso shakespeariano da peça dentro da peça, ladrão da paz reinante no binômio ficção-realidade, Césaire abre sua *Tempête* com as palavras de um *meneur de jeu*, que recebe os atores e os convida a escolher e vestir as máscaras de seus personagens. Capilé e Flores preservam com modificações esse acréscimo, mas deslocam-no para o segundo episódio, "O diretor do jogo". Antepondo ao início criado por Césaire ainda um outro início — o poema-episódio "Sycorax" —, eles intensificam o transtorno nos limites entre o fora e o dentro da cena, acentuam essa hesitação tão benigna entre o "por começar" e o "já começado". Nessa atmosfera, uma mesma pergunta pode vir a interpelar, a um só tempo, ficção e realidade, peça e vida: que forças "de fora" das cenas visíveis atuam sobre aquilo que se vê? E talvez ainda, considerando-se que é de Sycorax que se fala: o que podem essas forças invisíveis dadas por extintas ou inexistentes? O que podem as vidas mortas, assassinadas, soterradas, as vidas escravizadas, as vidas de bruxa, as vidas de fantasma? (Na minha própria vida, no Brasil de hoje, me ocorre perguntar, por exemplo: para onde pode apontar um dedo decepado?). Sejam quais forem as perguntas que proliferem, no entanto, registre-se, em todo caso, que na versão de Capilé e Flores é Sycorax quem abre os trabalhos — é ela quem diz e repete: "falo falaz língua de escravidão".

Ainda volto à bruxa, mas por ora queria ficar apenas com o verso, mais exatamente com o adjetivo: *falaz*. Em sintonia com Césaire, a experimentação tradutória de Capilé e Flores se move para afrontar o idioma despótico — para invadi-lo com outra língua, uma "língua quebra-pedra", como diz com precisão a certa altura o seu Caliban (p. 38). Quem (é branco e) lê "língua de escravidão" periga logo cair no aconchego dos discursos do tipo "é preciso dar voz a quem não tem voz" etc. Mas o adjetivo *falaz* há de ser vacina contra o tanto de bom-mocismo condescendente que há nesses discursos, afinal ainda tão ensimesmados e surdos, tão propensos a ver só fraqueza ali onde há força, tão seguros, enfim, de saber o que nem imaginam. A língua de escravidão é *falaz*, é ardilosa, engana — engana até mesmo quem vê em "de escravidão" um qualificativo sem mistério, transparente e mesmo, em algum sentido trivial, redutor e absoluto, *verdadeiro* em relação à língua que descreve.

Isso nos traz a Exu, personagem que, em sua *Tempête*, Césaire acrescenta ao elenco shakespeariano original. A divindade é, ao mesmo tempo, um *criado dos orixás*, encarregado de transportar oferendas e mediar a ligação entre homens e deuses, e um *poderoso orixá*: senhor dos caminhos. Aprendo com Capilé e Flores que Exu, presidindo as encruzilhadas, preside também os logros, os enganos, os momentos em que a linguagem se bifurca, produz equívocos.[7] Como a Sycorax dos poetas brasileiros, Exu, o ardiloso, *fala falaz*. Sigo aprendendo com eles que sinais dessa linguagem bifurcada, contraditória e equívoca, marcam-se já nos epítetos mais recitados de Exu: aquele que mata um pássaro ontem com a pedra que atirou hoje; aquele que sentado não cabe numa casa e em pé cabe dentro de uma noz; aquele que com uma peneira leva óleo ao mercado, e assim por diante. A contradição e o equívoco são, enfim, atributos estelares desse orixá: "simultaneamente, primeiro/último, aberto/fechado, amigo/inimigo, claro/escuro, silente/ruidoso, dentro/fora, etc.", Exu "é o portador de atributos que uma vez exibidos o tornam fascinante e ameaçador", quem me ensina agora é Edimilson de Almeida Pereira.[8]

Mas, sendo assim ardiloso, enganoso e contraditório, o espalhador dos equívocos e das confusões, o que fala falaz, é também, afinal: oráculo. "Aprender com Exu", observa Pereira, "é não restringir a experiência de construção de sentido a esta ou àquela possibilidade, mas a muitas possibilidades, inclusive aquelas que o sonar de nossa linguagem ainda não detectou" — Exu, ele acrescenta, "é, simultaneamente, o que está feito e o devir de todos os afazeres".[9] Interessados nessa tensão mais vasta entre, de um lado, o engano, a ambiguidade e a violência, e, de outro, o desvelamento de verdades heteróclitas e possibilidades inauditas, Capilé e Flores têm investido suas forças de criação teórica

---

7. Notas de aula aberta proferida por Capilé e Flores em 19/05/2021, por via remota no âmbito do Curso de Primavera, organizado por Capilé e Sérgio Maciel. A aula versava sobre o conceito de *tradução-exu* e a experiência de escrever a quatro mãos o poema dramático *Uma A Outra Tempestade* (a partir de Shakespeare e Césaire).
8. *Entre Orfe(x)u e Exunouveau*. Rio de Janeiro: Azougue Editorial, 2017, p. 161.
9. *Entre Orfe(x)u e Exunouveau*, p. 148-149.

em pensar sob a égide de Exu a própria tradução — e isso sem um horizonte de teorização geral, mas apenas de especulação sobre *uma* entre outras possibilidades do gesto tradutório — gesto assim anunciado no subtítulo deste poema dramático: *tradução-exu*.

O conceito de *tradução-exu* — que nasce de uma outra parceria, entre Flores e Rodrigo Tadeu Gonçalves[10] — remete a uma práxis limítrofe e experimental, na qual o original é ao mesmo tempo escutado, homenageado, dado a perviver *e* deliberadamente agredido, pervertido, atravessado de enganos. Sobre os caminhos da tradução-Exu, a que me refiro aqui de modo ligeiro e de todo insuficiente, está disponível na Internet um curso inteiro e fabuloso, que Capilé e Flores deram em 2020, por via remota, na Universidade Federal do Paraná; além disso, vem a público, de modo geminado, o ensaio *Tradução-Exu [ensaio de tempestades a caminho]* (Relicário, 2022), também realizado por Flores & Capilé, que tratam com maior fôlego sobre o tema.[11]

Em todo caso, já temos elementos suficientes para ver felicidade nesta especulação de Capilé e Flores: Exu entra na *Tempête* de Césaire não apenas como um personagem a mais, mas também como um princípio de tradução. Ao mesmo tempo em que reverbera o *acontecimento Shakespeare*, Césaire perverte-o, agride-o, (des)mente-o — no revolver tempestuoso dos tempo-espaços, nos acréscimos, deslocamentos e supressões que faz, no protagonismo

---

10. O programa e o link para o curso "Tradução-exu" estão disponíveis aqui (último acesso em 12/12/2021): https://bit.ly/3BR2Lxe. O ensaio homônimo faz par com este volume, ambos pela Relicário.
11. Veja-se o ensaio *"tradução-exu"*, escrito a quatro mãos em torno de uma tradução de "The raven", de Poe. (In: FLORES, G. G.; GONÇALVES, R.T. *Algo Infiel: Corpo Performance Tradução*. 2017. São Paulo: N -1 Edições, p. 164-174).

que dá a Ariel, a Caliban e a Exu, e isso para ficar apenas com alguns dos gestos mais vigorosos. Capilé e Flores, então, reduplicam e intensificam o procedimento exusíaco — escrevem agora a partir de Césaire e de Shakespeare: com eles, contra eles, sem eles.

Por um lado, conjuram forças de Shakespeare que Césaire rarefez ou silenciou. No retorno ao verso, por exemplo, transtornam a prosa uniforme do martinicano, atentos à (sempre revolucionária) potência sensível e sonora das *wild and whirling words* shakespearianas, ao seu *exusíaco* redemoinho fônico ("Exu calibã / luva insuspeita de Shakespeare", dirá Edimilson de Almeida Pereira).[12] Recuperam, transformando-as, além disso, passagens inteiras que haviam sido ceifadas. Executam também os seus próprios cortes, deslocamentos e acréscimos, incidindo tanto sobre Shakespeare quanto sobre Césaire. Por outro lado, gostam também de dançar a dança de Césaire: atentam igualmente aos movimentos de seu arco narrativo, às suas felicidades poéticas, aos seus vetores críticos. Sem dúvida terão sido ouvidos nas páginas deste volume ecos da mistura anárquico-anacrônica de tempo-espaços que Césaire opera: seja no embaralhamento das vozes e das sequências originais das cenas e das ações, seja na entrada das canções populares e na modificação e multiplicação dos cantos ancestrais (citados ou inventados), seja na evocação de poetas e outras figuras contemporâneas, seja na invasão decidida da circunstância político-social, para citar apenas alguns exemplos. Mas fazem muito mais do que apenas dançar a dança alheia.

---

12. *As coisas arcas*. Volume 4. Belo Horizonte: Mazza, 2003, p. 210.

Da atrevida singularidade com que Capilé e Flores homenageiam-pervertem Césaire e Shakespeare, já dei notícia aqui quando me referi ao advento do poema "Sycorax" na instauração de um antes do antes da peça que é também a peça já começada. Outro exemplo, a meu ver ligado a este, podemos surpreender na curiosa vida que os poetas-tradutores dão às rubricas dramatúrgicas — espaço que tomam de assalto e onde proliferam muitos de seus acréscimos e subversões. Comparece também aí o imbricamento entre o dentro e o fora da cena — nesse caso, entre cena e instruções para a cena —, o que por vezes já se deixa reconhecer na mancha gráfica. Algo nessa direção se insinua de forma discreta, por exemplo, na abertura do episódio "Negócios de família":

> na mansão de Próspero.
> **Miranda**
> e Ferdinando jogam
> uma partida de tapão.
> Você está trapaceando, monsenhor!

Como quando cai uma chuva e a lama avança por onde não devia, neste e em muitos outros momentos ao longo da peça, misturam-se na página os espaços tradicionalmente demarcados para indicar o autor da fala e a circunstância da fala. A propósito, que Miranda e Ferdinando joguem uma partida de tapão, e não de xadrez, como em Shakespeare e Césaire, já nos lembra, além disso, que se dão em muitos planos diferentes as insurgências dessa "lama invasiva" desmanchando a ordem dos terrenos. Mas fiquemos ainda com as rubricas. Seu deslocamento anárquico pela página ocorre por vezes de modo mais radical,

como é o caso, por exemplo, dessa rubrica do episódio
"Ebó", que escorre para o espaço da própria fala, concorrendo com ela, (talvez a sugerir que não há como separar
o que se diz da circunstância do dizer?):

X
    acorda aos saltos e...
Ai caraio, que porra é essa, traz ressaca?
    vê um preto noite enorme,
Sai pra lá, coisa ruim, me acorda pesadelo.
    o pau maior ainda,
Isso é coisa de Próspero, só pode ser,
    um braço inteiro.
veiaco trucador de maldição.
E eu já cansei de ser Diadorim
pagando o memo pau po pau dos outro!

Panos para manga aqui. Para quem já leu a peça, a passagem citada lembra, para começar, que as divisas de seu dentro-fora se esfumam também na opção dos poetas-tradutores por passar a utilizar "X", no lugar de "Caliban", a partir do momento em que o personagem — dentro da peça? — renega seu nome acostumado. O exemplo dá, ainda, uma amostra metonímica de como Capilé e Flores perturbam a convenção dramatúrgica segundo a qual se reserva para as rubricas uma prosa neutra e objetiva, vocacionada apenas a instruir a performance da cena. Os poetas-tradutores brasileiros não são, é claro, os únicos nem os primeiros a violar essa convenção, mas registre-se que aqui se afastam de Shakespeare e de Césaire, ambos a ela obedientes. São, com efeito, singulares e profusos os modos com que afrontam essa convenção. Quem leu a peça reconhecerá aqui, por exemplo, um entre inúmeros outros casos de rubricas *em verso*, que trazem também por vezes vestígios prosaicos de discurso indireto livre. Nesse caso em particular, indica-se dessa forma como X *percebe* o que vê, ao acordar, "aos saltos", dando com Exu plantado bem diante de seus olhos: "um preto noite enorme, / o pau maior ainda, / um braço inteiro"[13]. Lado a lado com os versos que trazem a fala de X, a rubrica atiça o nosso encontro com um X subitamente desconfiado de tanto pau — pois acentua a surpresa de mais esse atrevimento dos tradutores, o advento de um Caliban de gênero indeciso, um Caliban-X-mulher, que agora diz: "cansei de ser Diadorim/ pagando o memo pau pro pau dos outro".

Ainda volto ao lugar das mulheres e dos gêneros na versão de Capilé e Flores, mas, perdoem a insistência, fiquemos ainda nas rubricas, escutemos ainda um pouco mais a sua dicção. Nas aulas e eventos online recentes em que Capilé e Flores têm comentado o experimento tradutório que por sorte agora está nas nossas mãos, um ponto que sempre enfatizam criticamente é a opção de Césaire por manter sua tradução dentro dos limites de um francês "parisiense". Considerada a sua disposição explicitamente crítica contra a língua que foi empurrada goela abaixo dos escravizados (UT 25), por que não teria o poeta martinicano deixado entrar na própria tradução, por exemplo, o crioulo antilhano?

Ao homenagearem Césaire, Capilé e Flores decididamente o afrontam quanto a essa escolha. Ao traduzirem

---

13. No episódio de onde vem esse exemplo, cena inédita em relação aos dois originais, Exu vem acordar X, para lhe prometer vantagem no embate com Próspero (mediante entrega de dezesseis padês: "...não garanto / vitória sua / mas o inimigo não / vai mais ser próspero" (p. 149).

para o português, usam deliberadamente um português proteiforme, um português que é muitos, um português que destrona a língua padrão, aquela que, sabemos, costuma coincidir com o dialeto dos reis do pedaço. E é interessante que o gesto regicida compareça já no espaço das rubricas, onde justamente deveria reinar a língua mais neutra — a língua que, com sua despótica régua, mediria silenciosamente as demais variantes, tomadas como *modulações*, a serem, por exemplo, exploradas para caracterizar as diferentes dicções dos personagens. Nas rubricas de Capilé e Flores, no entanto, a régua quebra. Além de, como vimos, abrirem-se para a poesia, essas rubricas vibram em diferentes sotaques e estilos. Muitas vezes, é verdade, não surpreendem, mantendo-se próximas do que se toma como o padrão, mas também dele se desviam em muitas outras ocasiões: *Próspero, Miranda e Ferdinado vazam; então sai coriscando / e solta a cantiga / entoada no ar; aparece de rolê; e então, mais uma vez, os divininhos / entram, de novo, em cena com os pratos; fala para X empurrando a manguaça; entorna uma baita golada (...) ele dorme e dana a roncar; Trínculo se alevanta; sobe o sol, a galera de Ariel desaparece; feito bebum*, e assim por diante.

O que já se perturba nas rubricas de forma discretamente eloquente ganha intensidade hiperbólica nas falas dos personagens. Sabemos que, em sua dramaturgia, Shakespeare tende a marcar a variação linguística, por exemplo, na distribuição entre o verso e a prosa, formas que reserva, respectivamente, para as falas nobre e popular. Césaire, por sua vez, em sua prosa comparativamente mais homogênea, tende a deixar esse aspecto um tanto de lado. Para descrever o que Capilé e Flores fazem quanto a isso, a imagem da tempestade pode ser de novo apta, se não for aborrecida a repetição. Pois, de novo, como que encharcados por um bom toró, os territórios linguísticos se tornam porosos, invadem-se reciprocamente.

No já citado episódio "O diretor do jogo", por exemplo, exerce-se de forma singular a variação shakespeariana da língua conforme os participantes do intercâmbio verbal. Sempre sob a forma do verso, com Capilé e Flores essa variação se dá em um ritmo vertiginoso, no fôlego de um verso para outro, num mesmo ato de fala, aparentemente, nesse caso, conforme variam não os diferentes atores a quem o diretor se dirige, mas sim os personagens que estes interpretarão na peça:

> [...]
> Tu, Próspero? Por que não?
> Há vontades de poder que se ignoram!
> E suncê, Caliban? Cá, acolá, que revelador!
> Cê, Ariel? Não vejo mal algum
> E Estevão? E Trínculo? Sem torcida?
> Sim! Tudo em boa hora!
> Carece trazer tudo pra fazer um mundo!
> [...]

"Carece trazer tudo pra fazer um mundo!" — a frase em português vem relativamente rente à de Césaire (*Il fault de tout pour faire un monde* — UT 11); quase o episódio inteiro, aliás, vem assim, ainda que mudado da prosa para o verso. Mas onde em Césaire temos, para o diretor, uma dicção coesa, que aponta para um indivíduo linguisticamente "verossímil" — um diretor falando em francês informal com os atores (tratando todos por "tu" etc.) —, aqui parece que o "tudo" que carece trazer para fazer um mundo inclui as máquinas vivas dos diferentes linguajares que, múltiplos e irredutíveis, tiram de seu conforto desavisado a expressão *uma língua*, bem como sua supostamente previsível e compartimentada variação.

Na passagem citada, já vemos conviver numa mesma boca e numa mesma circunstância, por exemplo, as formas de tratamento *tu*, *suncê* e *cê*; além disso, a construção com uso impessoal do verbo *haver* e voz passiva sintética, conhecidos terrores vestibulares, convive com o emprego intransitivo de *carecer* (com efeito impessoal), bem mais vivo na vida que corre por fora dos exames de admissão. E se isso ainda não parecer suficiente indício da multiplicidade de que falo, basta ler a sequência do episódio, onde serão encontradas, vibrando juntas, frases que, pela sintaxe e pelo léxico, tenderiam a evocar diferentes falantes e circunstâncias: "estais vós de acordo"; "Ventos, soprai!"; "Nenhuma treta para os mais infames"; "vocês que lutem!"; "Bora, escolham..."; "Pra dar com pau em tudo"; "Fechou!", "Partiu!".

O que acontece no episódio inicial se espalha pela peça toda, aí incluídas, como vimos, as rubricas. Os linguajares se misturam, sujam-se entre si, conspurcam-se: equivocam-se, liberam-se. Uma festa.

Em Césaire, como em Shakespeare, o tema da opressão pela língua comparece, como já se disse, de forma explícita. O Próspero de Shakespeare, lembremos, dirá a Caliban: "Escravo repugnante [...] Quando desconhecias o que eras, e apenas te exprimias por grunhidos, eu recobri teus gestos de palavras, para que assim pudesses decifrá-los" — ao que este responderá: "Tu me ensinaste a falar e meu único proveito foi aprender a amaldiçoar. Que a peste vermelha te carregue por teres me ensinado a tua língua!" (AT 47). Em Césaire, o embate contra a língua imposta retorna modificado e mais extenso. Caliban entra pela primeira vez em cena exclamando, para Próspero, "Uhuru!", palavra suaíle para "liberdade", que batiza também o conhecido movimento socialista africano. Próspero não entende, pede a Caliban que repita; quando este o faz, o duque deposto continua sem entender e desmerece a fala como mero revolteio de uma língua bárbara (UT 24). Nessa cena, que culmina com a já mencionada renegação do nome "Caliban", Césaire fará com que, ao reclamar para si a alcunha de generoso professor, Próspero ouça de um Caliban enfurecido que nada foi lhe ensinado além da língua da servidão, a língua suficiente para o cumprimento das ordens e das tarefas escravas (UT 25).

Capilé e Flores remontam o embate entre Próspero e Caliban, bebendo em Césaire e em Shakespeare, mas já com importantes derivas — entre elas, esta, maravilhosa: ao pedir que Caliban repita a exclamação para ele ininteligível (Uhuru!), a "repetição" que Próspero escutará é, escutem só:

Òmìnira. Fúnlèfólorun. Iko Tema.

Ralenta-se o contato com a vivaz opacidade das palavras — o Próspero de Capilé e Flores precisa demorar um pouco mais para descartar a fala como irrelevante balbucio bárbaro. A ignorantes como eu, o Google ensinará (mais ou menos) que o que temos na frase "repetida" são diferentes expressões de matriz africana ligadas à noção de liberdade. Capilé e Flores intensificam aqui o procedimento de Césaire: os ignorantes, indo ou não ao Google, precisam conviver com o misterioso fio sonoro. E, como anuncia de saída Sycorax, "quem conviver verá". Com sorte se pressente o que a ignorância faz perder — no percebido balbucio, línguas-vidas inteiras.

Seja como for, os personagens na *Tempestade* de Capilé e Flores terão, de um modo geral, essa dicção heterogênea, marcada por uma espécie de emboscada constante no território da língua padrão, a qual, sem desaparecer, lá estará para, por toda parte, ceder terreno a uma vivíssima e pluralíssima oralidade. E que ouvido mais absoluto tem essa tradução para a língua oral! *Sassinhora*, digo eu com Miranda! De fazer inveja a um Nelson Rodrigues. Choverão, além disso, palavras e frases africanas e ameríndias, muitas das quais serão, para muitos, como no caso citado, sonora e promissoramente ininteligíveis, cheias de rítmicos sentidos. E, contra todos os manuais de tradução, virão também, aos montes, gírias e tiques os mais recentes, aqueles que o "bom tradutor" deveria supostamente saber evitar, dado o seu limitadíssimo prazo de validade. Para dar apenas um exemplo, Próspero (subitamente "paulista"?) dirá, a certa altura: "Puta show, espetáculo, top, topzêra". O efeito aqui não é, no entanto, o de confirmar a norma pelo desvio, fazendo luzir o "erro" dos tradutores, não é o de evocar o arrepio da lei. É mais, talvez, como se, com palavras atiradas *agorinha mesmo*, matassem *ontem* um palavrório-retranca. (Repare-se que isso difere muito de matar um palavrório-retranca *de ontem*. É mais como se, modificado o passado, a retranca nem tivesse existido ou, pelo menos, feito os estragos que fez).

Capilé e Flores, enfim, reduplicam o gesto de Césaire ao infundir em outros tempos práticas, instituições e artefatos *daqui* e *de agora* — o jogo de tapão, o STF, o smartphone etc. —; e o interessante é que o gesto incide também no próprio tecido verbal: esgarçado, emendado, esburacado, aerado, misturado: muito vivo.

O penúltimo episódio da peça se intitula "Última lição de gramática: quem com a língua fere, fera sucumbe" (A lição, reparem, começa já pelo título, capaz de desarmar o furor analógico, e vingativo, que nos levaria aqui a completar, sem pensar o novo "ditado": *com a língua será ferido*. Que o verbo vire substantivo ali onde menos se espera é algo que nos surpreende como se na frase o predicado, do nada, abocanhasse o sujeito.). Bem, fato é que o episódio leva a um cume o embate entre a *língua quebra-pedra* e a pétrea língua.

O cume do referido embate é também o próprio corpo de Próspero — um Próspero que acaba de desistir do retorno à Europa e que, sozinho na ilha, chama: "E agora, Caliban, cai dentro: é só nós dois!". Nos versos de Capilé e Flores para este epílogo, escutaremos mais uma vez a voz de Guimarães Rosa: se, em outra parte, a aludida Diadorim já os tinha ajudado estremecer o hífen no par homem-mulher, agora é o Iauaretê quem vem fazer parecido com gente-bicho. Citado *ipsis litteris* — "Ê Hé... Aar-rrâ.. Aaáh... Cê me arrhoôu... [...] remuaci rêiucàanacê araaã" —, participa da *"linguagem só-vertigem"* em que Próspero se vê então precipitado, tempos afora, contorcendo-se *"a meio termo entre cardíaco e jaguar"*, conforme indica a rubrica-poema. No (belo!) poema que lemos aqui, nos meandros de sua, agora mais que nunca, esparramada e vertiginosa mancha gráfica, em meio, enfim, aos "destroços da canção de X", ouviremos sair da boca de Próspero aquelas palavras que ele tinha antes descartado como balbucio bárbaro, "êêê òmìnira", "iko tema", "uhuru" — palavras que vão desembocar (por tradução?) na veemência maiúscula do samba que fecha o episódio e abre os tímpanos (p. 190):

LIBERDADE, LIBERDADE
ABRE AS ASAS SOBRE NÓS

Esta última lição de gramática vem, na peça, precedida de duas outras. Para ir fechando estas notas, quero aqui lembrar também a penúltima, subintitulada: "entre iguais, diferensas". É ali que Capilé e Flores refazem/inventam a discussão entre Caliban e Ariel sobre como sair da condição escravizada, cena que, como vimos, Césaire acrescenta ao original de Shakespeare. Muito haveria a dizer sobre esse episódio (e, ai, sobre tanta coisa mais!). Aqui me atenho apenas ao subtítulo, pensando que se derrama como uma espécie de divisa por todo o poema dramático: *entre iguais diferensas*. O sugestivo peteleco ortográfico já encena por si o nomeado jogo entre repetir e diferir, que é também afinal o jogo da tradução.

Sempre hesitando entre a homenagem e a violência, em sua tradução-exu, Capilé e Flores somam a esse repetir-diferir um *proliferar*.

Césaire traz um novo personagem, Exu; eles trazem mais um, o deus guarani Nhanderu. Césaire inventa um novo início, "O diretor do jogo"; eles inventam mais um, "Sycorax". Césaire invoca Xangô; eles invocam mais uma, Iansã, ela mesma a senhora dos relâmpagos e da tempestade (na última página desta tradução, leremos: "Barra Mansa/Curitiba, ano I da peste, 23.09.2020-14.10.2020, duas quartas-feiras, dia de Xangô e Iansã para consolidar a Tempestade-Exu."). Sob a força incontida do imperativo *mais um*, proliferam, misturadas, com efeito, muitas outras divindades, vindas de diferentes Europas, de diferentes Áfricas, de diferentes Américas.

Acontecerá mais ou menos assim também com os formigueiros de referências à vida política, à vida tecnológica, às vidas da fauna e da flora, à vida artística. Ilustro apenas com esta última o movimento *repetir-diferir-proliferar* de que falo. Onde, por exemplo, Césaire traz Antonio, a certa altura, recitando versos do poema "Parfum exotique", de Baudelaire (UT 40)[14], Capilé e Flores põem em seu lugar versos de Bernardo Guimarães vindos d'"O Elixir do Pajé", a conhecida paródia ao indianismo romântico de Gonçalves Dias.[15] E, peça afora, vão trazendo, assim repetidos-diferidos, mais um, Guimarães Rosa, e mais um, João Cabral, e mais uma, Angélica Freitas, e mais um, Machado de Assis, e mais um, Ezra Pound, e mais um, Mário de Andrade, e mais um... Nas referências musicais, encontramos coisa parecida: onde Césaire (UT 17) traz marinheiros prestes a naufragar cantando a versão francesa de um hino protestante anglo-americano do século XIX, *Plus près de toi, mon Dieu* (o hino que supostamente embalou o naufrágio do *Titanic*), com Capilé e Flores, os marinheiros recuam ao medievo, para entoar a cantiga de amigo *Ondas do mar de Vigo*, de Martim Codax. E onde Césaire faz um Tríngulo bêbado cantarolar uma toada marítima popular na Normandia, *Virginie, les larmes aux yeux*, Capilé e Flores o farão cantar *Dentro da tempestade*, canção portuguesa contemporânea conhecida na voz da fadista Ana Moura.

---

14. Des hommes dont le corps est mince et vigoureux / Et des femmes dont l'œil par sa franchise étonne ... (em tradução de Guilherme de Almeida, *Folha de São Paulo*, 09/06/1997: "Homens de corpos nus, finos e vigorosos, / Mulheres cujo olhar tem franqueza e abandono.")
15. MAS neste trabalho, / Dizei, minha gente, /Quem é mais valente. / Mais forte quem é? (*Poesia erótica e satírica*, 1875. Rio de Janeiro: Imago, 1990.)

Seja em momentos explicitamente musicais da peça, seja em citações incidentais por todo lado, iremos entreouvindo nacos (intactos ou lascados) do nosso cancioneiro: "todo menino é um rei / eu também já fui rei"... e mais um, "que vem e que passa, tão cheio de graça"... e mais um, "Eu vou indo correndo, pegar meu lugar no futuro"... e mais um, "vida de negro é difícil, é difícil como o quê"... e mais um, "e o barquinho a naufragar / dá té vontade de cantar"... e mais um, "Só quero é ser feliz, seguir no miudinho/ e voltar pro reinado onde eu nasci"... e mais um...

Uma história, que conheci por intermédio de Edimilson de Almeida Pereira, me ajuda, enfim, a abreviar e reforçar essa percepção do *mais um* como vetor distintivo desta tradução-exu. Trata-se do relato em que

> Orumilá saiu à procura de Exu para que ele devolvesse tudo o que havia devorado. Ao encontrá-lo, o pai o retalhou em duzentos e um pedaços. O ducentésimo primeiro pedaço escapou e se reconstituiu como Exu, aquele que tem o número 1 para ser acrescentado a todo e qualquer elemento.[16]

Como Paulo Henriques Britto ensina no prefácio deste volume, a pujança proliferante de que venho falando comparece com muita nitidez, também, na variedade assombrosa de metros e ritmos poéticos que Capilé e Flores distribuem pelos diferentes personagens e momentos de seu poema dramático. A polivalência irrefreável de Exu encontra também aqui uma reverberação.

---

16. *Entre Orfe(x)u e Exunouveau*, p. (109); Pereira remete o relato a Monique Augras, *O duplo e a metamorfose*, Petrópolis: Vozes, 2008, p. 92.

Alargando a acepção mais estrita que a palavra "ritmo" assume no universo da forma poética, poderíamos pensar, talvez, que diferentes *ritmos* configuram diferentes *formas de vida* — Roberto Correa dos Santos parece alargar justamente assim a palavra, na epígrafe que encabeça este texto. E aqui, para terminar, gostaria de chamar atenção ao seguinte fato: a frase de Correa dos Santos vem de uma lição que ele tomou com uma mulher. Ampliando-se um pouco a citação em epígrafe, isso fica expresso: "Lições de Clarice: Sejamos poliexistentes. Transrítmicos."[17] *Uma A Outra Tempestade* parece participar da mesma exusíaca escola, aquela que toma o partido de incitar a poliexistência pelo trânsito gozoso, violento e anárquico entre os múltiplos ritmos, os conhecidos e os inventados.

E é de se notar que, contra Shakespeare e contra Césaire, são aqui mulheres que abrem e fecham os trabalhos: Sycorax e Miranda. No episódio final, como Paulo Henriques Britto também já pontuou no prefácio (e o que é que ele já não disse aqui ou alhures?), Miranda se dirigirá diretamente aos poetas martinicano e inglês, brincando com seus nomes, objetando às "vidas planas" de um masculino mundo:

> No maquinário desta cena em vida,
> nosso amado Cesário e Xispirito
> deixaram vidas planas, meras alavancas
> pros saltos de poder e antipoder
> que os homens contrapõem nos seus joguinhos.

---

17. *O livro fúcsia de Clarice Lispector*. Rio de Janeiro: Otti, 2001, p. 9.

Mais adiante, no mesmo poema, o sonho de uma terra *outra* vai reunir Miranda, Ariel e X em poliexistência — são agora "irmãs num mesmo ímã, mesmo amor":

Daqui vejo Ariel e X sonharem uma terra
onde eu também sonhei estar. Amando.
Irmãs num mesmo ímã, mesmo amor:
no meu peito o país que acende a tempestade.

"Meu deleite e delírio: este dilúvio vem", dirá ainda Miranda no penúltimo verso deste poema — aquele que traz o fim da peça. "Tudo que quis: céu cabeleira a gris", diz Sycorax no poema que traz o seu começo. O começo já está no fim — e no começo-fim está o amor violento da tempestade, que é também o amor da tradução, desta formidável tradução. Exu-tempestade engole o mundo e o devolve transformado: pronto pra outra.

Outras virão, insiste Sycorax. Junto com Capilé e Flores, é como se nos lembrasse também da contingência do nosso vespeiro. Outras virão — estamos precisando.

Os autores

GGF é poeta, tradutor e professor na UFPR.

AC é poeta, tradutor e ogã — aliás Tata Kambondo.

© Relicário Edições, 2022
© André Capilé e Guilherme Gontijo Flores, 2022

Dados internacionais de Catalogação na Publicação (CIP)

C243u
Capilé, André
Uma A Outra Tempestade: Tradução-Exu / André Capilé, Guilherme Gontijo Flores - Belo Horizonte: Relicário, 2022.
228 p. ; 14cm x 21cm.
ISBN: 978-65-89889-35-9
1. Literatura. 2. Tradução-Exu. 3. Uma Tempestade. 4. A Tempestade. 5. Aimé Césaire. 6. William Shakespeare. I. Capilé, André. II. Título.
CDD 800
2022-1298   CDU 8

COORDENAÇÃO EDITORIAL Maíra Nassif Passos
EDITOR-ASSISTENTE Thiago Landi
PROJETO GRÁFICO Ana C. Bahia
DIAGRAMAÇÃO E CAPA Caroline Gischewski
FOTOGRAFIA DA CAPA Kempton Vianna
REVISÃO Maria Fernanda Moreira
REVISÃO DE PROVAS Thiago Landi

RELICÁRIO EDIÇÕES
Rua Machado, 155, casa 1, Colégio Batista | Belo Horizonte, MG, 31110-080
contato@relicarioedicoes.com | www.relicarioedicoes.com
@relicarioedicoes   /relicario.edicoes

1ª EDIÇÃO [2022]

Esta obra foi composta em Charter, Fira Sans e Trade Gothic
sobre papel Pólen Natural 80 g/m² para a Relicário Edições.